W0244144

NIKOLA Herd

Schlüsselworte zum Lenormand

2. Auflage 2017

Herstellung und Verlag: BoD - Books on Demand, Norderstedt

ISBN 9783837063493

Das in diesem Buch verwendete Kartendeck, ist das von mir entworfene und gestaltete El Corazon Lenormand. Gemalt wurde es von Erna Dönigus

© ***2017 Nikola Herd*** *Alle Rechte vorbehalten. Vervielfältigung, Veröffentlichung und Verbreitung jeder Art nur mit Zustimmung der Autorin*

Für

Heiko und Alex

Die mein Leben lebenswert machen.

Inhaltsverzeichnis

Die Bilderwelt der Karten

Kartendecks haben in den letzten Jahrzehnten ungeheuer an Popularität gewonnen. Doch mit der ausufernden Anzahl verschiedener Decks wächst zunehmend auch die Verwirrung im Hinblick auf Deutung und konkretem Nutzen. Vom Tarot über Kipperkarten bis hin zu den Lenormandkarten haben sich auch eine ganze Reihe völlig neuartiger Kartensysteme entwickelt –.

Deshalb sind Bücher wie das vorliegende von Nikola Herd besonders wichtig geworden. Sie bieten uns ein „Wörterbuch" im Dschungel der Symbole an. Wobei dieses Wörterbuch weniger durch ein Gremium von Fachleuten erstellt wurde, sondern direkt aus der Praxis kommt.

Die erste Herangehensweise an ein Kartendeck – sei es nun ein Lenormanddeck oder das Tarot – ist die reine Intuition. Farben, geometrische Formen und bildlich dargestellte Lebensituationen geben einen ersten Eindruck und verschaffen dem Betrachter einen Zugang zur jeweiligen Fragestellung. Doch dann wird es zumeist schwierig: denn Symbole haben unterschiedliche Bedeutungen, manche von ihnen sind gar tief in der Geschichte verborgen, und vor allem die Positionierung der Karten im Kontext erfordert Basiswissen und pures Handwerk, um die Bedeutung zu verstehen.

Nikola Herd legt hier eine persönliche Weiterentwicklung der Karten von Madame Lenormand vor, einem Deck, welches erst 200 Jahre alt ist und sich sehr stark am kulturellen Umfeld des 18. Jahrhunderts orientiert. Gewisse grundlegende Dinge haben sich natürlich kaum verändert: so verlieben sich Menschen damals wie heute auf die gleiche Weise. Auch die Begriffe „Karriere, Gesundheit und Philosophie" haben sich nicht sonderlich verändert und sind heute, wie vor tausenden von Jahren gültig. Doch es gibt eine Reihe neuer Probleme, die wir früher so nicht hatten. Gesundheit rückt im Zuge der höheren Lebenserwartung in ein anderes Licht, und partnerschaftliche Probleme tauchen nun viel häufiger auf – denn zu Zeiten der Madame Lenormand stellte man diese Fragen meist nur einmal im

Leben. Heutzutage sind Partnerschaften fließend und ändern sich. Auch der Familienbegriff und der Stellenwert der Tradition ist heute ein ganz anderer als vor 200 Jahren.

Insofern scheint eine Anpassung an den Zeitbezug mehr als notwendig. Wobei es Autoren wie Nikola Herd bewusst vermeiden, hier nun allzu drastisch mit der Schere zu werkeln, sondern eher behutsam versuchen, die modernen Aspekte unseres Daseins hineinzuweben.

Ich freue mich über das neue Buch und bin sehr gespannt, wie es in der Öffentlichkeit aufgenommen wird.

Reinhard Rael Wissdorf
August 2008

Wichtiges zum Kartenlegen

Mit den Karten kann man nahezu jede Frage beantworten. In der Auslage des großen Kartenbildes sind Tendenzen, Perspektiven, Ratschläge (wie gehe ich mit der Situation um), Ursachen und Hintergründe eines Problems, sowie die Vorgehensweise oder die beste Entscheidung zu erkennen.

Kartenlegen ist wie das Deuten von Träumen. Die Antwort auf die Frage liegt in uns. Mit den Karten decken wir nur auf, was das Unbewusste schon weiß. Jeder Mensch hat eine Intuition, der eine stärker, der andere weniger. Dies liegt daran, dass wir nach unserer Kindheit unsere Intuition mit dem Verstand überdecken und uns somit den Zugang zu unserem Inneren verschütten. Kinder sprechen oft in Bildern. Sie sind noch nicht so zugeschüttet mit den Problemen des Lebens und reagieren spontan nach ihrem Gefühl. Karten helfen uns, die Sprache des Unbewussten wieder zu erlernen und zu deuten. Sie helfen uns, die Signale unserer Seele zu sehen.

Konzentrieren wir uns auf die Frage und mischen dann den Kartenstapel durch. Wir müssen uns vor dem Mischen klar darüber sein, was wir wissen wollen. Nach dem Mischen legen wir die Karten aus, je nach Legemuster. Lassen wir das Bild auf uns wirken und unsere Intuition sprechen. Die Schlüsselworte sowie die Kombinationsmöglichkeiten geben nur einen Rahmen und wir sollten vermeiden, uns nur auf diese Möglichkeiten zu beschränken. Mit der Zeit entdecken wir selber Aspekte auf den Karten, die man gar nicht alle in einem Buch zusammenfassen kann.

Bei schwierigen Kartenkonstellationen versuchen wir in den umliegenden Karten den Weg aus dem Dickicht zu erkennen. Es gibt immer einen Weg. Es gibt kein unausweichliches Schicksal, dem wir nicht entrinnen können. Immer ist mit der Aussage auch ein Weg verbunden, den die Karten uns mitteilen. Wir sind immer in der Lage unser Schicksal zu beeinflussen. Gott hat uns mit einem freien Willen erschaffen, den wir auch einsetzen sollten.

Dazu ein Beispiel:
Ich lebe alleine und sehne mich nach einem neuen Partner. In der Kartenauslage ist eine Feier zu erkennen, auf der ich einen Mann kennen lernen werde. Entschließe ich mich nun, nicht zu dieser Feier zu gehen, dann kann ich diesen Mann nicht kennen lernen, und habe somit mein Schicksal beeinflußt.

Ebenso kann vielleicht eine Warnung in Bezug auf mein Auto in den Karten ersichtlich sein, oder eine Gesundheitsstörung. Bringe ich mein Auto in die Werkstatt oder gehe ich zum Arzt und lasse mich durchchecken, dann habe ich wieder mein Schicksal in die Hand genommen. Und so sollte es auch sein. Wir sind für unser Leben verantwortlich und die Karten können uns nur einen Weg aufzeigen oder was uns auf unserem Weg begegnet. Jedoch können sie uns die Entscheidung nicht abnehmen, unser Leben zu leben.

Es sollte auch nie so sein, daß wir den Tag nicht mehr beginnen, ohne die Karten zu befragen. Wir sollten uns immer vor Augen halten: Was kommt auf uns zu **und** wie gehen wir damit um? Was können wir tun? Karten sind ein hervorragender Wegbegleiter, und wir können so manche Schwierigkeiten die auf uns zukommen besser bewältigen, weil wir vorbereitet sind.

Ebenso sollten wir Karten zu anderen Personen nur befragen, wenn diese Person direkt mit uns in Beziehung steht. Meines Erachtens ist es nicht in Ordnung in das Leben eines anderen Menschen zu schauen, wenn er es nicht will. In diesem Fall wären die Aussagen schwammig und auf keinen Fall korrekt, da wir ja den eigenen Willen des anderen Menschen und seine Privatsphäre verletzen würden. Es steht keinem Menschen zu, in das Leben eines anderen einzugreifen, ohne sein Einverständnis. Oft ist es auch so, dass in diesen Bildern nur unsere Wünsche liegen, ähnlich einem Tagtraum und die Karten würden nicht die Realität wieder spiegeln. Beherzigen wir alle diese Regeln, dann haben wir ein hervorragendes Mittel zur Hand, um uns selbst und anderen Menschen Hilfestellung zu geb

Das Leben und Wirken der Mlle. Lenormand

Ihr wirklicher Name war: **Marie-Anne Le Normand**

Mademoiselle Lenormand war die berühmteste Wahrsagerin des 19. Jahrhunderts. Ihr Ruhm ist bis heute nicht verblasst.

Sie wurde am 27.05.1772 in Alencon unter dem Sternzeichen der Zwillinge geboren und starb am 25.06.1843 in Paris. Mit fünf Jahren war sie bereits Vollwaise und ihre Stiefeltern gaben das kleine Mädchen sofort in eine Klosterschule. Man sagt, dass sie schon als Kind die Gabe des Hellsehens besessen habe. 1786 zog Mlle. Lenormand nach Paris. Elf Jahre lang arbeitete sie für verschiedene Arbeitgeber. Ihre berühmte Wahrsagepraxis eröffnete sie 1997. Die berufsmäßige Wahrsagerei war zwar gesetzlich verboten, doch wimmelte es zu der Zeit in Paris von Wahrsagern und Traumdeutern. Mlle. Lenormand wurde wegen ihrer Tätigkeit des Öfteren verhaftet und verbrachte jeweils einige Tage im Gefängnis. Das hat sie aber nicht davon abgehalten, bis fast an ihr Lebensende ihrer Gabe und ihrem Beruf treu zu bleiben. Ihr steiler Aufstieg begann im Jahre 1800. In ihrem großen Kundenkreis finden sich illustre Namen:

Der zukünftige König Ludwig XVII, Robespierre, Mirabeau, General Hoche, Camille Desmoulins, Danton, Fürst Metternich, Josephine de Beauharnais und Napoleon.

Napoleon selber besuchte Mlle. Lenormand in regelmäßigen Abständen um Ihre Dienste in Anspruch zu nehmen. Sie hat ihm seine und Josephines Thronbesteigung vorausgesagt. Sie erkannte, dass er sich von Josephine trennen wollte, da ihre Ehe kinderlos blieb. Sie wurde ihm unheimlich und er ließ sie des Öfteren in Haft nehmen. Allerdings verbrachte sie nie länger als einige Tage im Gefängnis. Und gerade diese Gefängnisaufenthalte machten sie berühmt. Jedes Mal nach ihrer Rückkehr konnte sie sich vor Kunden nicht retten. Die Menschen suchten ihren Rat und selbst Napoleon besuchte Mlle. Lenormand auch noch nach seiner Verbannung nach Korsika weiterhin auf, um ihre Hilfe in Anspruch zu nehmen.

Mlle Lenormand schrieb Zeit ihres Lebens etliche Bücher. Leider beschrieb sie darin nie ihre Arbeitsweise. Dafür erzählte sie umso mehr über ihr Leben, ihre berühmten Kunden und ihre verblüffenden Voraussagen. Sie hat nie geheiratet. Nicht mal ein Liebesverhältnis konnte ihr nachgesagt werden. Ihr Begräbnis wurde zu einem großen und spektakulären Ereignis. Eine riesige Menschenmenge nahm Abschied von der „Sybille von Paris“, als sie zu Grabe getragen wurde.

Das große Lenormandspiel **„Grand jeu de Mlle Lenormand“** mit 54 Karten erschien erstmals 1845 bei Grimaud in Frankreich. Das kleine Lenormandspiel mit 36 Karten kam fünf Jahre später auf den Markt.

Schlüsselworte zu den Lenormandkarten

Der Reiter

Allgemein: Bewegung, Besuch, Nachricht

Person: Junger Mann, sportlich, temperamentvoll, flexibel

Liebe: Einladung, Liebeserklärung, Nachricht vom HM/HD

Beruf: Handelsvertreter, Verkäufer, Sportler, Gleitzeit, lockere Arbeitsatmosphäre

Geld: ...ist unterwegs. Nachricht ist unterwegs

Gesundheit: Beine, Hüfte, Lenden

Zeit: 1 Monat

Tageskarte:

Heute liegen gute Nachrichten in der Luft. In bestimmten Angelegenheiten geht alles viel schneller voran, als Sie gedacht haben. Nachrichten, die Sie erwarten, treffen heute ein. Es könnte auch sein, dass Sie heute eine kleine Reise unternehmen. Ein Besuch bei Freunden oder ganz einfach nur ein kleiner Ausflug. Was auch immer auf Sie zukommt heute, es ist in jedem Fall positiv und Sie können es genießen.

Der Klee

Allgemein:	Glück, kurz, schnell, Überraschung
Person:	Fröhlich, heiter, jung, sorglos
Liebe:	Neue Liebe, Glück in der Liebe
Beruf:	Zeitarbeit, entscheidende Kontakte Arbeit fällt unverhofft leicht
Geld:	Glück in finanziellen Dingen, kleine Geldsummen, kleine Gewinne
Gesundheit:	Vorübergehende Krankheit, nichts Ernstes
Zeit:	2 Monate, Vormittag, Frühling

Tageskarte:

Heute gelingt Ihnen so ziemlich alles. Kleine Probleme, die Sie schon seit längerem belasten, lösen Sich heute in Luft auf. Wenn der Klee als Tageskarte gezogen wird, geht alles sehr schnell voran. Sie fühlen sich frei und sorglos und sind gutgelaunt. Vielleicht lernen Sie heute einen neuen Mann kennen, oder im beruflichen Bereich erwarten Sie Neuigkeiten.

Das Schiff

Allgemein:	Reisen, Hoffnung, Süchte, Ferne
Person:	Suchtgefährdet, flexibel, reiselustig, ständig auf Achse, braune Haare und blaugraue Augen
Liebe:	Reise mit Partner, Illusion, verliebt
Beruf:	Internationale berufliche Kontakte, Reisebüro, Reiseleiter, Geschäftsreise
Geld:	Geld durch Handel, Erbschaft
Gesundheit:	Blase, Niere
Zeit:	3 Monate, Sommer

Tageskarte:

Heute könnte es gut möglich sein, dass Sie eine Reise machen oder planen. Vielleicht buchen Sie eine Urlaubsreise? Oder Sie treten heute Ihren lang geplanten Urlaub an? Immer wenn das Schiff erscheint, ist es ein Hinweis darauf, daß wir in die Ferne reisen. Das kann auch ein längerer Besuch bei einem guten Freund oder der Familie sein, die weiter weg wohnen. Immer geht es dabei um eine größere Entfernung. Es könnte jedoch auch sein, dass Sie heute beginnen Ihr Leben umkrempeln und einen anderen Kurs fahren als bisher. Auf jeden Fall geht es um weitreichende Ereignisse in Ihrem Leben.

Das Haus

Allgemein: Sicherheit, Heim, Familie

Person: Zuverlässig, ruhig, besonnen, fleißig, mollige Figur, ältere Person, dunkle Haare

Liebe: Stabile Beziehung

Beruf: Fester Arbeitsplatz, sichere berufliche Zukunft, arbeitet zu Hause, eigene Firma

Geld: Stabile finanzielle Verhältnisse

Gesundheit: Seele, Haut

Zeit: 4 Monate

Tageskarte:

Heute schaffen Sie Ordnung in Ihrem Leben und legen Strukturen fest, die Sicherheit bieten. Es könnte sein, dass Sie im Beruf Stabilität erreichen, oder Ihre Beziehung in eine stabile Phase kommt. Auf jeden Fall fühlen Sie sich rundum sicher und zufrieden. Das Haus steht für Wohlstand, auch wenn es im Moment vielleicht noch nicht so aussieht. Heute wird der Grundstein für Ihre Sicherheit gelegt. Alle Sorgen der Vergangenheit werden vorübergehen. Glauben Sie daran! Das Haus verspricht Ihnen Schutz und Sicherheit.

Der Baum

Allgemein:	Gesundheit, Wunscherfüllung
Person:	Ältere Person, weise, klug
Liebe:	Lebenslange Liebe
Beruf:	Alteingesessene Firma, Familienbetrieb, Kündigungsschutz.
Geld:	Schleppende Geldeingänge
Gesundheit:	Gesundheit allgemein, Atemwege (Bronchien)
Zeit:	5 Monate, Verzögerung, lebenslang

Tageskarte:

Heute könnte es sein, daß ein lang gehegter Wunsch für Sie in Erfüllung geht. Gesundheitlich strotzen Sie vor Vitalität und Kraft. Der Baum steht für Sie selbst, Ihre Energie, Persönlichkeit, Lebenskraft und Lebenslust. Sollten Sie in der letzten Zeit gesundheitlich angegriffen gewesen sein, befinden Sie sich ab heute auf dem Weg der Besserung.

Die Wolken

Allgemein:	Unklarheiten, Enttäuschung (dunkle Seite), Wünsche (helle Seite)
Person:	Instabil, unsicher, unzuverlässig, mager, dunkle Haare und braune Augen, ältere Person
Liebe:	Traumliebe, unklare Beziehungen
Beruf:	Berufliche Entscheidungen werden wieder in Frage gestellt, unklare berufliche Zukunft
Geld:	Finanzielle Schwierigkeiten, Kredite in der Schwebe
Gesundheit:	Chronische Krankheiten
Zeit:	6 Monate, Verzögerung

Tageskarte:

Heute kommen Sie mit Ihren Vorhaben nicht so recht voran. Viele Unklarheiten begegnen Ihnen. Einiges, was Ihnen heute begegnet, kann sich als Illusion erweisen. Versuchen Sie Klarheit in Ihre Gedanken und Handlungen zu bringen, dann löst sich das Dickicht. Wenn Sie Menschen begegnen, sind deren Handlungen oft nicht einzuordnen. Lassen Sie sich nicht aus der Ruhe bringen.

Die Schlange

Allgemein: Umwege, Falschheit

Person: Rothaarige, weibliche Person, intrigant, Kollegin. Instabil und umständlich

Liebe: Rivalin, Partner geht fremd

Beruf: Falscher Beruf, Mobbing

Geld: Falschgeld, Spekulationen, Unterschlagungen

Gesundheit: Darm, Nabelschnur, Abwehrkräfte

Zeit: 7 Monate, nachts, dunkle Jahreszeit, Verzögerung

Tageskarte:

Heute könnten Sie einer Person begegnen, die Sie mit Ihrer Art um den Finger wickelt. Hüten Sie sich jedoch und begegnen Sie dieser Person nicht zu vertrauensselig. Es könnte aber auch sein, daß Sie Ihre Angelegenheiten heute nicht direkt, sondern auf Umwegen erreichen. Seien Sie nicht zu forsch, sondern schauen Sie, ob es auch noch andere Möglichkeiten gibt, um Ihre Pläne zu verwirklichen. Manchmal ist es besser einen Umweg zu gehen, als auf direktem Weg sein Ziel zu erreichen.

Der Sarg

Allgemein:	Ende, Abschluß, Wandlung, Krankheit
Person:	Greisenalter, verhärmt, verbittert, unglücklich, verwitwet, allein
Liebe:	Beziehungsende
Beruf:	Arbeitsvertrag läuft aus, arbeitslos
Geld:	Finanzieller Verlust, Geldsorgen
Gesundheit:	Längerdauernde Krankheit
Zeit:	8 Monate, frühe Morgenstunde

Tageskarte:

Heute müssen Sie Abschied nehmen von ganz alltäglichen Dingen. Die Dinge gehen einem natürlichen Ende zu. Hier geht es nicht um gewaltsame Trennung, sondern um Situationen, in denen wir einfach nichts tun können. Vielleicht geht eine Beziehung zu Ende oder Sie wechseln den Arbeitsplatz. In jedem Fall handelt es sich um Situationen, die ein natürliches Ende finden und Platz machen für Neues.

Die Blumen

Allgemein:	Überraschung, Geschenk, Besuch
Person:	Fröhlich, gelassen, heiter, ehrlich, dunkelhaarige Freundin, Kollegin
Liebe:	Glückliche Liebesbeziehung, Geschenk vom Partner
Beruf:	Arbeit im sozialen Bereich, gutes Arbeitsklima, Heilpraktiker
Geld:	Geldgeschenk, Gutschein
Gesundheit:	Gewächse, Verwachsungen, Geschwüre, Allergien, Naturheilmittel, Homöopathie, Bachblüten etc.
Zeit:	9 Monate, Frühling

Tageskarte:

Heute gehen Sie lächelnd durch die Welt. Ein Besuch von einer lieben Freundin oder ein Geschenk vom Partner erwartet Sie heute. Sie genießen den Tag mit einer Tasse Kaffee und einem guten Gespräch mit Freunden. Auch auf der Arbeit läuft heute alles glatt. Überall herrscht heute gute Stimmung.

Die Sense

Allgemein:	Trennung, plötzlich, Gefahr, Ernte
Person:	Aggressiv, groß, brünett, schlank, männlich
Liebe:	Plötzlicher Bruch in der Liebe, Gewalt in der Ehe
Beruf:	Plötzliche Kündigung, Arbeitsplatz ist in Gefahr
Geld:	Diebstahl, Raub, Verluste
Gesundheit:	Kopf, Zähne, Augen, Ohren, Entzündungen, Schnittverletzungen, Operation
Zeit:	10 Wochen

Tageskarte:

Heute befreien Sie sich aus Situationen, die Ihnen nicht guttun. Auf jeden Fall handeln Sie heute über Ihren Verstand und schalten die Gefühle aus. Vorsicht ist auch geboten im Straßenverkehr und bei sportlichen Aktivitäten. Sonst könnte es leicht zu kleineren Unfällen kommen, die mit einer gewissen Vorsicht zu vermeiden sind.

Die Ruten

Allgemein: Gespräche, Diskussionen, Auseinandersetzungen

Person: Streitsüchtig, stur, geschwätzig, immer wiederkehrende Diskussionen, dunkelhaariger junger Mann

Liebe: Diskussionen mit dem Partner,

Beruf: Berufliche Gespräche, Verhandlungen

Geld: Diskussionen ums Geld

Gesundheit: Hände, Gelenke

Zeit: 11 Wochen, Herbst Abenddämmerung

Tageskarte:

Diskussionen stehen heute auf dem Plan. Egal ob mit Freunden, Kollegen oder Vorgesetzten. Es läuft nicht alles so, wie Sie es sich wünschen. Jedoch Diskussionen und Auseinandersetzungen gehören zum Leben dazu und helfen uns, Unklarheiten zu beseitigen und unseren Standpunkt zu vertreten. Bleiben Sie fair, dann gehen auch diese Auseinandersetzungen zu Ende mit einem zufrieden stellenden Kompromiss.

Die Eulen

Allgemein:	Gedanken, kurzer Kummer
Person:	Nervös, vielseitig, unsicher, grübelt viel, klug, Tochter
Liebe:	Kurzer Kummer geht vorüber
Beruf:	Schwierigkeiten im Beruf (keine Kündigung), schwierige berufliche Kontakte
Geld:	Geldsorgen von kurzer Dauer
Gesundheit:	Venen, Nerven, kurze Krankheit
Zeit:	12 Wochen, Herbst, nachts

Tageskarte:

Die Vögel kündigen Kummer, der nur kurze Zeit andauern wird. Ein Problem nagt an Ihnen und Sie grübeln die meiste Zeit des Tages. Aber unter dem Einfluß der Vögel sind diese Dinge vorübergehend und nicht von langer Dauer. Kleinere Gewissensbisse gehen genauso schnell vorüber.

Das Kind

Allgemein:	Neubeginn, Anfang
Person:	Sorglos, naiv, fröhlich, beliebt, junger Mensch, hellhaarig, liebenswert
Liebe:	Partner ist jünger, neue Liebe
Beruf:	Neue Arbeitsstelle, Auszubildender
Geld:	Wenig Geld
Gesundheit:	Kinderkrankheiten
Zeit:	13 Wochen, nachmittags

Tageskarte:

Das Motto des heutigen Tages lautet Sorglosigkeit und Naivität. Blauäugig laufen Sie durch die Welt und sind zu vertrauensselig. Ihnen kann einfach nichts passieren. Sorglos und vertrauensvoll wie ein Kind gehen Sie neue Verbindungen ein. Sie strahlen Vertrauen aus und sind beliebt in Ihrem Umfeld. Staunend und offen begegnen Sie Ihrem Umfeld. Bewahren Sie sich Ihr kindliches Gemüt.

Der Fuchs

Allgemein:	Klugheit, List, Gerissenheit, Vorsicht!!!
Person:	Hinterlistig, nicht ehrlich, sportlich, clever, beweglich, misstrauisch, rothaarig
Liebe:	Unehrlicher Partner
Beruf:	Intrigen am Arbeitsplatz, Mobbing, Rechtsanwalt, Detektiv
Geld:	Falscher Umgang mit Geld
Gesundheit:	Hals, Nase, Geschmackssinn
Zeit:	14 Wochen, Frühling

Tageskarte:

Heute sollten Sie besonders vorsichtig sein, um keinem Betrug zu unterliegen. Gerissenheit und Hinterlist bestimmen heute den Tag. Wappnen Sie sich mit einer gehörigen Portion Mißtrauen nach dem Motto: Vertrauen ist gut, Kontrolle ist besser. Vorsicht vor Unterschriften. Lesen Sie auch das Kleingedruckte, sonst könnte es teuer werden.

Der Bär

Allgemein:	Kraft, Macht, Stärke, Hilfe, Schutz, Mut
Person:	Hilfsbereit, stark, zuverlässig, selbständig, beschützend, Chef, Arzt
Liebe:	Liebelei mit dem Chef
Beruf:	Chef, Vorgesetzter, selbständig, eigenverantwortliches Arbeiten, Kündigungsschutz
Geld:	Reichtum
Gesundheit:	Schultern, Übergewicht
Zeit:	15 Wochen, Sommer

Tageskarte:

Schutz und Geborgenheit sind die Gefühle, denen Sie heute begegnen. Eine starke Person in Ihrem Umfeld sorgt dafür. Ihr Chef ist sehr hilfsbereit und unterstützt Sie. Aber hüten Sie sich davor ihn zu verärgern. Dann könnte seine Hilfsbereitschaft in das Gegenteil umschlagen. Fragen Sie, wenn Sie Hilfe benötigen und spielen Sie nicht den starken Mann. Heute werden Sie in allen Bereichen Hilfe bekommen, in denen Sie Hilfe benötigen.

Die Sterne

Allgemein:	Klarheit, Erfolg, Spiritualität
Person:	Kleine Person, weiblich, blond, spirituell veranlagt, emotional, positiv
Liebe:	Liebe steht unter einem guten Stern
Beruf:	Kartenleger, Astrologe, Hellseher
Geld:	Viel Geld, Glück in Geldangelegenheiten
Gesundheit:	Gedächtnis
Zeit:	16 Wochen, abends

Tageskarte:

Alle Unternehmungen, die Sie heute beginnen, nehmen einen erfreulichen Verlauf und sind zukunftsweisend für Sie. Auch wenn Sie das zum jetzigen Zeitpunkt noch nicht erkennen können. Der Stern stellt die Weichen für eine positive Zukunft. Alle Dinge, die wir unter dem Einfluß des Sterns beginnen, reichen weit in die Zukunft.

Die Störche

Allgemein:	Veränderung
Person:	Groß, schlank, wechselhaft, blonde Frau
Liebe:	Veränderung in der Beziehung, Zuwachs in der Familie
Beruf:	Neue Arbeitsstelle, nicht am Wohnort, Umzug ist nötig aus Berufsgründen
Geld:	Nicht geplante Ausgaben
Gesundheit:	Beine, Schwangerschaft
Zeit:	17 Wochen, Frühling

Tageskarte:

Heute sind Umzug und Veränderungen jeglicher Art angesagt. Vielleicht renovieren Sie Ihre Wohnung oder Sie planen einen Umzug. Auch eine neue Arbeitsstelle oder eine neue Beziehung sind in Aussicht. Ebenso eine Schwangerschaft in Ihrem näheren Umwelt wäre möglich.

Der Hund

Allgemein:	Treue, Freundschaft
Person:	Zuverlässig, treu, hilfsbereit, anhänglich, Sohn, dunkelhaarig
Liebe:	Aus Freundschaft wird Liebe, Partner ist Treu und fürsorglich
Beruf:	Gutes kollegiales Betriebsklima, Teamwork
Geld:	Geldzusage, Geld kommt
Gesundheit:	Stimme, Stimmbänder
Zeit:	18 Wochen

Tageskarte:

Treue und Freundschaft begleiten Sie am heutigen Tag. Sie können sich voll und ganz auf Ihre Familie oder Freunde verlassen. Die Menschen, die unter den Einfluß des Hundes fallen, stehen voll und ganz hinter Ihnen. Sie brauchen in keiner Weise zu zweifeln an der Ehrlichkeit und Treue, die Ihnen entgegengebracht wird.

Der Turm

Allgemein:	Behörde, Amt, Einsamkeit, Trennung
Person:	Hart arbeitend, große dunkelhaarige Person, einsam, zurückgezogen
Liebe:	Allein lebend, einsam in der Beziehung
Beruf:	Beamter, führende Position, berühmte Persönlichkeit. Arbeitsamt,
Geld:	Führende Position mit hohem Gehalt
Gesundheit:	Wirbelsäule, Finger, HWS, Schilddrüse
Zeit:	19 Wochen

Tageskarte:

Behördengänge und Amtsangelegenheiten müssen heute erledigt werden. Es könnte auch sein, dass Sie sich heute einsam und ausgegrenzt fühlen. Dies liegt aber zum Teil an Ihnen, da Sie sich und Ihre Gefühle eingemauert haben. Brechen Sie die Mauern auf und lassen Sie andere Menschen an Ihren Gefühlen und Gedanken teilhaben. Es könnte auch sein, dass Sie heute einer berühmten Persönlichkeit begegnen oder zumindest einer Person, die im öffentlichen Leben steht.

Der Park

Allgemein:	Öffentlichkeit, Zusammenkunft, Kreativität, Popularität
Person:	Viele Personen, kontaktfreudig, künstlerisch veranlagt, Schauspieler
Liebe:	Treffen in der Öffentlichkeit, Einladung
Beruf:	Öffentlichkeitsarbeit, soziale Einrichtung, Künstler
Geld:	Gage, Bankgeschäfte
Gesundheit:	Generell leichte Beschwerden, Krankenhaus, Kur
Zeit:	20 Wochen

Tageskarte:

Heute werden die Feste gefeiert wie Sie fallen. Eine größere Feier, ein Konzert, ein Besuch im Zoo oder sonstige Aktivitäten könnten Sie heute unternehmen. Sollte Ihre Gesundheit heute angeschlagen sein, geht das schnell vorüber. Es handelt sich nur um kleinere Unpäßlichkeiten.

Der Berg

Allgemein:	Hindernisse, Schwierigkeiten, Distanz
Person:	Gehemmt, blockiert, schwierig, stur
Liebe:	Lieblos, Partner zeigt keine Gefühle
Beruf:	Hindernisse im Beruf, sture Kollegen, kühles Arbeitsklima
Geld:	Kein Geld, finanzielle Probleme, Auszahlungen verschieben sich
Gesundheit:	Knochen, Skelett, Neigung zur Verkalkung, Kropf
Zeit:	21 Tage, Verzögerung

Tageskarte:

Hindernisse und Schwierigkeiten könnten Ihnen heute die Ruhe rauben. Projekte stagnieren, die erwartete Antwort auf Ihre Bewerbung verzögert sich, finanzielle Auszahlungen verschieben sich. Jedoch keine Sorge. Auch dieser Tag geht zu Ende und morgen sieht die Welt schon wieder anders aus.

Die Wege

Allgemein:	Entscheidung, Wahl
Person:	Entschlossen, zielstrebig, dunkelblond
Liebe:	Liebesentscheidung
Beruf:	Berufliche Entscheidung, Richter
Geld:	Finanzielle Entscheidungen
Gesundheit:	Arterien, Adern, Sehnen, Bänder
Zeit:	22 Tage

Tageskarte:

Heute müssen Sie Entscheidungen treffen, sonst geht es nicht weiter. Sie stehen zwischen zwei Stühlen und müssen sich für eine Alternative entscheiden. Nach gründlichem Überlegen werden Sie die richtige Entscheidung treffen. Entschlossen und zielstrebig sollten Sie Ihren Weg gehen und zu sich selbst stehen. Sie fühlen Sich gut dabei.

Die Mäuse

Allgemein:	Was im Rücken der Mäuse liegt, geht in den Verlust, wo die Mäuse zugewandt sind, das kommt auf den Fragenden zu
Person:	Flink, wechselhaft, diebisch, hamsternd, disharmonisch, klein, graue Augen
Liebe:	Liebeskummer
Beruf:	Arbeitslosigkeit droht
Geld:	Geldverlust, Diebstahl, geliehenes kommt nicht zurück
Gesundheit:	Magen, Leber, Innereien
Zeit:	23 Tage, nachts

Tageskarte:

Achten Sie heute besonders auf Ihren Besitz, sonst könnten Sie Verlust erleiden. Auch ein nie endendes Problem nagt an Ihnen und könnte Ihnen Energie und Lebenslust rauben. Achten Sie auf sich und schützen Sie sich, dann überstehen Sie diesen Tag unbeschadet.

Das Herz

Allgemein: Liebe, Glück, Romantik

Person: Verliebt, glücklich, junge Person, brünett

Liebe: Romantische Liebe, Beziehung mit Gefühl

Beruf: Liebe zum Beruf

Geld: Materiell orientierte Liebe

Gesundheit: Blutkreislauf, Herz

Zeit: 24 Tage

Tageskarte:

Heute geht es Ihnen gut. Entweder Sie sind frisch verliebt oder die Dinge laufen einfach so, wie Sie es sich gewünscht haben. Durch Ihre Ausstrahlung ziehen Sie Menschen an, die Ihnen guttun und Ihnen in jeder Hinsicht helfen wollen. Seien Sie offen für alles was Ihnen heute begegnet.

Der Ring

Allgemein:	Verbindung, Vereinigung, Verträge
Person:	Team, Gruppe
Liebe:	Ehe, Lebensgemeinschaft
Beruf:	Arbeitsvertrag, Teamwork
Geld:	Kreditvertrag, Bausparvertrag etc.
Gesundheit:	Blutkreislauf
Zeit:	25 Tage, lebenslang

Tageskarte:

Ein Vertragsabschluß, Kreditvertrag, Bausparvertrag oder ein neuer Arbeitsvertrag. Alles ist heute möglich. Unter dem Einfluß des Ringes sind alle abgeschlossenen Verträge und eingegangenen Beziehungen langlebig und glücklich.

Das Buch

Allgemein:	Geheimnis, Bildung
Person:	Lernwillig, wißbegierig, intelligent, geheimnisvoll
Liebe:	Geheime Liebschaft, Affäre
Beruf:	Ausbildung, Studium
Geld:	Unklarheiten in Bezug auf Geld
Gesundheit:	Psychosomatisch, unklare Untersuchungsergebnisse
Zeit:	26 Tage

Tageskarte:

Geheimnisse wollen heute entdeckt und gelüftet werden. Halten Sie Augen und Ohren offen damit Ihnen nichts entgeht. In der Gesundheit bedeutet dies psychosomatische Beschwerden, die sich keinem klaren Krankheitsbild zuordnen lassen. In der Liebe könnte es sein, daß Sie eine heimliche Liebe haben oder verliebt sind in einen Menschen, der noch nichts von seinem Glück weiß. Lüften Sie die Geheimnisse, die Sie heute umgeben.

Der Brief

Allgemein:	Nachricht schriftlich, Kontakt, Email, SMS
Person:	Kommunikativ
Liebe:	Liebesbrief
Beruf:	Arbeitspapiere, Sekretärin, Buchhalter, Journalist, Reporter, Schriftsteller
Geld:	Kontoauszüge, Kaufverträge, Geldüberweisung
Gesundheit:	Untersuchungsergebnisse
Zeit:	27 Tage, Tagsüber

Tageskarte:

Gespräche, Telefonate, Briefe, Kontakte jeglicher Art stehen heute auf dem Programm. Dabei kann es sich um einen Liebesbrief, die Zusendung Ihres neuen Arbeitsvertrages, die Bestätigung Ihrer gebuchten Reise oder ein Telefonat mit dem Arbeitgeber, der Freundin/Freund handeln. Immer handelt es sich hier um positive, lang ersehnte Nachrichten.

<u>Der Herr</u> – Fragesteller oder HP

<u>Die Dame</u> – Fragestellerin oder HP

<u>Besonderheit:</u> Ziehen Sie als Frau die Dame oder als Mann den Herrn dann bedeutet dies, daß heute ein wichtiger Tag in Ihrem Leben ist und alle Dinge die heute passieren, richtungsweisend für Sie sind. Gehen Sie heute aufmerksam durch den Tag.

Die Lilie

Allgemein:	Leidenschaft, Harmonie
Person:	Leidenschaftlich, verliebt, rothaarig
Liebe:	Sexuelle Affäre
Beruf:	Affäre im Betrieb, am Arbeitsplatz
Geld:	Käufliche Liebe
Gesundheit:	Unterleib, Hormone, Geschlechtsorgane
Zeit:	30 Stunden

Tageskarte:

Heute geht es um Gefühle, Leidenschaft und Harmonie. Dies kann sich auf die Familie beziehen, mit der Sie heute in Harmonie leben, ohne Diskussionen oder Streit oder aber auch um den Kollegenkreis, in dem heute alles recht harmonisch zugeht. Jedoch auch eine Liebelei im Kollegenkreis könnte möglich sein. Auf jeden Fall sind heute viel Gefühle im Spiel, die Sie genießen sollten.

Die Sonne

Allgemein:	Energie, Erfolg, Optimismus, Wärme
Person:	Energiegeladen, glücklich, zufrieden, rechtschaffener Charakter, optimistisch
Liebe:	Leidenschaftliche Liebe, Glück in der Liebe
Beruf:	Große Firma, Erfolg im Beruf
Geld:	Viel Geld, Lotteriegewinne
Gesundheit:	Augen, schnelle Genesung
Zeit:	31 Stunden, Tagsüber, Sommer

Tageskarte:

Energie ist das Zauberwort. Sie sprühen heute vor Tatendrang und Lebenslust. Alles was Sie heute in die Hand nehmen gelingt Ihnen wie von selbst. Ihre Optimistische Lebenseinstellung hilft Ihnen dabei. Die Arbeit geht leicht von der Hand. Sollten Sie heute Lotto spielen könnte es sein, daß Sie gewinnen. Waren Sie bisher gesundheitlich nicht auf der Höhe geht es jetzt aufwärts.

Der Mond

Allgemein:	Anerkennung, Ehre, Gefühle
Person:	Intuitiv, berühmt, emotional unsicher, ängstlich, wankelmütig
Liebe:	Romantische Liebe, tiefe Gefühle
Beruf:	Beruf ist Bestimmung, Nachtarbeit, Nachtschicht, Psychiater, Psychologe
Geld:	Geld gut angelegt
Gesundheit:	Psyche, Depression
Zeit:	32 Tage, nachts

Tageskarte:

Heute werden Sie Anerkennung erfahren für etwas Besonderes, für das Sie sich eingesetzt haben. Dies bedeutet für Sie vorwärts kommen auf der Karriereleiter, gesellschaftliches Ansehen und viel Erfolg. Bleiben Sie auf diesem Weg. Auch Ängste und Befürchtungen könnten sich einstellen, gehen Sie trotzdem weiter. Der Mond fordert Sie auf Ihre Ängste zu durchleben, damit Sie am Ende gestärkt daraus hervorgehen.

Der Schlüssel

Allgemein: Bestätigung, Lösung

Person: Neugierig, erfinderisch

Liebe: Neue Liebe, feste Beziehung

Beruf: Bewerbung ist positiv, Arbeitsbeginn mit Sicherheit

Geld: Lösung der Geldprobleme

Gesundheit: Heilung, Genesung

Zeit: 33 Tage, Ganzjährig

Tageskarte:

Heute werden Sie die Lösung finden, nach der Sie so lange gesucht haben. Eine Aufgabe werden Sie mit Erfolg lösen. Etwas Neues wird beginnen und von Erfolg gekrönt sein. Immer werden Sie in Ihrem Tun bestärkt. Der Schlüssel verspricht uns einen erfolgversprechenden Neuanfang in allen Lebenslagen.

Die Fische

Allgemein:	Finanzen, Geld
Person:	Materiell eingestellt, geizig
Liebe:	Materialistische Liebe, ohne Gefühle
Beruf:	Versicherung, Bankangestellter, Gutes Einkommen
Geld:	Reichtum, schwimmt im Geld
Gesundheit:	Wasserhaushalt
Zeit:	34 Stunden

Tageskarte:

Heute dreht sich alles um das liebe Geld. Auszahlungen sind möglich, die Sie schon länger erwarten. Auch die schon lange ersehnte Gehaltserhöhung könnte heute auf Sie zu kommen. Alle finanziellen Angelegenheiten regeln Sie heute zu Ihrem Vorteil.

Der Anker

Allgemein:	Beruf, Stabilität
Person:	Tüchtig, fleißig, hilfsbereit, zuverlässig, gutmütig
Liebe:	Stabile Liebesbeziehung
Beruf:	Handwerker, Schiffbau
Geld:	Finanziell abgesichert, kontinuierliche Einnahmen
Gesundheit:	Becken, Steißbein, Hüfte, Oberschenkel
Zeit:	35 Stunden

Tageskarte:

Der heutige Tag bietet Ihnen Sicherheit und Stabilität. Heute haben Sie das Gefühl angekommen zu sein. Sie haben den richtigen Job, eine Beziehung festigt sich, Freundschaften bieten Ihnen einen sicheren Rahmen. Alles läuft bestens. Sie fühlen sich pudelwohl in Ihrer Welt. Genießen Sie diesen Tag.

Das Kreuz

Allgemein:	Schicksalhaft, Karma, Prüfung
Person:	Ältere Person, gereift
Liebe:	Schicksalhafte Liebe, oft mit Leid verbunden
Beruf:	Beruf ist Bestimmung
Geld:	Geldmangel, kein Geldeingang
Gesundheit:	Rücken, Lumbalbereich, Erbkrankheit
Zeit:	36 Stunden, Verzögerung

Tageskarte:

Heute schlägt das Schicksal zu und Sie können nichts dagegen tun. Sie fühlen sich manchmal machtlos, da Sie keinen Einfluss auf die Geschehnisse haben. Vielleicht verlegen Sie Ihren Schlüssel oder sie verpassen die Straßenbahn. Fügen Sie sich in die Geschehnisse und machen Sie das Beste daraus. Ändern können Sie es nicht. Wenn Sie dagegen ankämpfen fühlen Sie sich nur gebremst und hilflos, da es heute nicht in Ihrer Macht liegt, das Kommende zu beeinflussen und durch Ihr Handeln zu bestimmen.

Kombinationen

1 Reiter

02 positive Nachricht

03 Nachricht von weit her, Nachricht über eine Reise
04 Nachricht oder junger Mann kommen ins Haus
05 Langersehnte Nachricht kommt
06 Unklarheiten werden durch eine Nachricht beseitigt
07 Nachricht kommt auf Umwegen
08 Absage, negative Nachricht, Nachricht über Krankheit
09 Einladung, Nachricht von einer Freundin
10 plötzliche Nachricht, Schreck
11 Diskussionen
12 mehrere Nachrichten, schwierige Gespräche
13 Kind ist ein Junge
14 Gespräche mit einem Rechtsanwalt
15 Nachricht von einer höher gestellten Person
16 Nachricht bringt Klarheit
17 Nachricht über Umzug
18 Nachricht von einem guten Freund
19 Nachricht von einer Behörde
20 Veranstaltung, Treffen
21 Nachricht verzögert sich, Info werden zurückgehalten
22 Entscheidung von außen durch andere
23 Keine Nachricht
24 Liebeserklärung, junger Mann ist verliebt
25 Heiratsantrag
26 geheime Korrespondenz, Ausbildung
27 Dokumente, Papiere, Nachrichten, Telefonate
28 junger Mann, sportlich, temperamentvoll, flexibel
29 junge Frau, sportlich, temperamentvoll, flexibel
30 Hilfe ist unterwegs
31 Erfolgsnachricht
32 Erfolgsnachricht, berufliche Nachricht über Auszeichnung
33 Nachricht kommt mit Sicherheit und ist positiv
34 Geld kommt ins Haus, Nachricht über Geld ist unterwegs
35 Handelsvertreter, Verkäufer, Sportler, freie Zeiteinteilung, lockere Arbeitsatmosphäre
36 schicksalhafte Nachricht

2 Klee

03 glückliche Reise, Ausflug
04 viel Glück im Haus
05 vorübergehende Krankheit, nichts Ernstes
06 Hoffnung erfüllt sich
07 Glück auf Umwegen, Glück bei Intrigen
08 kurze Krankheit, geht schnell vorüber
09 Einladung in Kürze
10 plötzlicher Glücksfall
11 gute Gespräche
12 ein gutes Gespräch mit Freunden
13 zufriedenes Kind, ein glücklicher Neuanfang
14 trügerisches Glück
15 Unterstützung durch eine starke Persönlichkeit, Hilfe
16 neue Unternehmungen stehen unter einem guten Stern
17 Veränderung bringt Glück und Erfolg
18 Freundschaft, Hilfsbereitschaft
19 Glück bei Behörden und Ämtern
20 gesellige Gruppe, Spaß mit anderen
21 Glück verzögert sich etwas
22 Erleichterung durch eine Entscheidung
23 Verlorenes kommt zurück
24 Glück in der Liebe
25 Glückliche Verbindung, Guter Vertragsabschluß
26 Ausbildung, Schule macht Freude, Glück und Erfolg
27 gutes Telefonat, Erfolgsnachricht
28 fröhlich, heiter, sorglos, junge Person
29 fröhlich, heiter, sorglos, junge Person
30 Sexualität – erfüllte
31 Glück, Erfolg und Energie
32 Zeitarbeit, Anerkennung im Beruf, Schule
33 Glück und sicheres Gelingen
34 Glück in Gelddingen, kleine Geldsummen, kleine Gewinne
35 Zeitarbeit, entscheidende Kontakte im Berufsbereich
36 Prüfung mit positivem Ausgang

3 Schiff

04	Fahrt nach Hause
05	lange Reise
06	Flugreise, Unklarheiten wegen Reise
07	Reise mit Umwegen
08	Erbschaft, Reise wird plötzlich unterbrochen
09	fröhliche Reise mit mehreren Personen
10	plötzliche Reise, plötzliche Zusage, Ärger wegen einer Reise
11	Informationen wegen einer Reise
12	Neuanfang auf einer Reise, Kind reist mit
13	Betrug auf einer Reise, bei Erbschaftsangelegenheiten
14	Erfolg, viel Geld, Selbständigkeit
15	ein neues Geschäft, Neuanfang durch Reise
16	Reise ins Ausland
17	Besuch eines Freundes/Freundin
18	Geschäftsreise
19	Reise zu einer Veranstaltung
20	Reise in die Berge aber mit Verzögerung
21	Zwei Reisen
22	Reise die nicht gut verläuft, Absage der Reise
23	Liebesreise, Reise mit dem Geliebten
24	Vereinsreise, Geschäftsverbindung
25	Studienreise, geheime Reise
26	Information über eine Reise,
27	Buchungsbestätigung
28	suchtgefährdet, flexibel, unbeständig. ständig auf Achse
29	suchtgefährdet, flexibel, unbeständig, ständig auf Achse
30	Abenteuer, Affäre
31	geschäftlicher Erfolg
32	Reise bringt Anerkennung, Reise bei Nacht
33	Reise findet mit Sicherheit statt, Handwerksunternehmen
34	Geld durch Handel oder Erbschaft
35	internationale berufliche Kontakte, Reisebüro,
36	Reiseleiter
37	auf einer Reise geschieht etwas Bedeutend

4 Haus

05	Altes Haus
06	Familiäre Angelegenheiten klären sich
07	Ein Haus auf Umwegen erreichen
08	Haus in schlechtem Zustand, Schreck im Haus
09	Haus mit Garten, nette Nachbarn
10	Schaden am Haus wird ausgebessert
11	Gespräche, Verhandlungen, das Haus betreffen
12	Schwierigkeiten im Haus, die nicht lange andauern
13	Neues Haus, Neubau
14	Betrug im familiären Bereich. Vorsicht bei Hauskauf
15	Größeres Haus
16	Glück mit einem Haus. Häusliches Glück
17	Umzug, Umbau, Renovierung
18	Freundliche Hausbewohner, freundliche Nachbarn
19	Firma, Betrieb
20	Öffentliches Haus
21	Böser Nachbar, das Haus belastet. verzögerter Hauskauf
22	Entscheidung für ein Haus, zwei Häuser
23	Verlust eines Hauses
24	Gute Stimmung im Haus
25	Miet- oder Kaufvertrag
26	Geheimnis schwebt über dem Haus
27	Nachricht kommt ins Haus
28	Zuverlässig, ruhig, besonnen, fleißig
29	Zuverlässig, ruhig, besonnen, fleißig
30	Familienbesuch
31	Glück und Erfolg kommen ins Haus
32	Anerkennung im Haus, bekannte Firma, bekanntes Haus
33	Gutes Gelingen, Neuanfang im Haus,
34	Stabile, finanzielle Verhältnisse
35	Arbeit von zu Hause aus
36	Haus/Wohnung ist Bestimmung

5 Baum

06	Unklarheiten in Bezug auf eine Krankheit
07	Krankheit zieht sich hin
08	Krankheit, längere Krankheit
09	Naturheilmittel. Homöopathie, Bachblüten ect.
10	Plötzliche Krankheit
11	längere Diskussionen
12	Wald, großer Garten, Zoo
13	neue Krankheit, krankes Kind
14	falsche Krankheit, falsche Diagnose
15	starke Konstitution bis ins hohe Alter
16	seelisch gesund
17	Besserung zieht sich hin
18	Freund fürs Leben
19	Universität
20	Krankenhaus, Kur
21	seelische Blockaden
22	Lebensentscheidung
23	wenig Energie
24	stabile Gesundheit
25	Partner fürs Leben
26	unklare Beschwerden, Ursache noch unklar
27	Rezept, Krankschreibung
28	älterer Mann, weise
29	ältere Frau, weise
30	harmonisches Leben
31	starke Lebensenergie
32	Depression, Angstzustände
33	guter Ausgang der Krankheit
34	langfristige Anlagen, Geld wird mehr
35	Berufung, der richtige Beruf
36	schicksalhafte Krankheit

6 Wolken

07 Intrigen
08 unklarer Befund bei Krankheit
09 unsichere Einladung
10 dicke Luft, Streß
11 Streit, Verärgerung
12 kann keinen klaren Gedanken fassen
13 Kind ist labil
14 Falschheit
15 Vorgesetzter ist inkompetent
16 Suchtgefährdung
17 Veränderungen sind noch nicht klar
18 getrübte freundschaftliche Beziehungen
19 Ärger mit Behörden, Ämtern
20 Probleme mit der Öffentlichkeit
21 langanhaltende Schwierigkeiten
22 Unentschlossenheit
23 kein Ausweg in Sicht
24 Liebeskummer
25 Vertrag oder Bindung steht unter einem schlechten Stern
26 Heimlichkeiten, verursachen Probleme
27 Unklarheiten in der Kommunikation
28 instabil, unsicher, unzuverlässig
29 instabil, unsicher, unzuverlässig
30 sexuelle Probleme
31 Unklarheiten lösen sich auf, Alles wird besser
32 kein Erfolg
33 Erfolg läßt auf sich warten, aber er kommt
34 finanzielle Schwierigkeiten, Kredit in der Schwebe
35 Unklarheiten am Arbeitsplatz
36 chronische Krankheit

7 Schlange

08 Ärztin, weise Frau
09 Frau arbeitet mit Naturheilmitteln
10 gefährliche Feindin
11 redegewandte Frau
12 Telefonat mit einer Frau
13 neue Freundin ist nicht ehrlich, Kind ist ein Schlitzohr
14 Intrigantin, Lügnerin, Rivalin
15 weibliche Chefin, mit allen Wassern gewaschen
16 spirituell begabte Frau
17 beim Umzug geht einiges schief, Umzug auf Umwegen
18 freundliche Person, aber Vorsicht
19 einsame Frau, Beamtin
20 Frau steht in der Öffentlichkeit
21 autoritäre, machthungrige Frau
22 Umwege
23 Verlust, Diebstahl
24 Geliebte
25 Frau hat einen Geliebten
26 heimliche Geliebte
27 Falschinformation
28 instabile, umständliche Person
29 instabile, umständliche Person
30 sexuelles Verhältnis, Affäre
31 glückliche Frau
32 medial begabte Frau
33 Glück kommt auf Umwegen, aber mit Sicherheit
34 Falschgeld, Spekulationen, Unterschlagungen
35 intrigante Kollegin, Mobbing
36 schicksalhafte Begegnung mit einer Frau

8 Sarg

09	Heilung, Genesung
10	Operation, Schnittverletzung
11	heftiger Streit, kann zum Bruch führen
12	Kummer dauert länger
13	Kind ist krank, Kinderkrankheit
14	nicht krank
15	ältere Person ist krank, negative Behördenangelegenheit
16	nach Krise wird alles besser
17	keine Veränderung
18	Freunde die schaden, schlechter Umgang
19	krank und einsam.
20	Krankenhaus
21	nichts geht mehr, alles stagniert
22	Entscheidung überdenken, neue Wege gehen
23	Krankheit geht vorüber
24	Beziehung geht zu Ende
25	chronische Krankheit, Vertragsende, Beziehungsende
26	nichtbestandene Prüfung, noch unentdeckte Krankheit
27	Absage, Kündigung, negative Nachricht
28	Greisenalter, verhärmt, verbittert, unglücklich, verwitwet
29	Greisenalter, verhärmt, verbittert, unglücklich, verwitwet
30	Geschlechtskrankheit, Hormonstörung.
31	Genesung
32	psychisch krank
33	bald wird alles besser
34	finanzieller Verlust, Geldsorgen
35	Arbeitslosigkeit, Kündigung
36	etwas stirbt endgültig (Keine Person)

9 Blumen

10 unerwartete, überraschende Freude
11 Streit wird beendet
12 Gedanken an eine liebe Freundin
13 Tochter
14 falsche Freundlichkeit
15 freundlicher Vorgesetzter, hilfsbereit
16 gesellschaftlicher Erfolg
17 Renovierung
18 gute Freunde, echte Freunde
19 selbständig, Blumengeschäft
20 gesellschaftliches Ereignis
21 Freundlichkeit hilft nicht weiter
22 Spaziergang
23 Einladung wird abgesagt
24 glückliche Liebesbeziehung, Geschenk vom Partner
25 gute Beziehung, Vertragsabschluß
26 Verabredung mit jemand unbekanntem
27 Einladung, Geschenk
28 fröhlich, gelassen, heiter, ehrlich, dunkelhaarig
29 fröhlich, gelassen, heiter, ehrlich, dunkelhaarig
30 erstes Treffen
31 erfolgreicher durch Freunde
32 Feingefühl
33 Erfolg auf jeden Fall
34 Geldgeschenk, Gutschein
35 gutes Arbeitsklima, Arbeit im sozialen Bereich
36 Glück und Zufriedenheit, Innerer Frieden

10 Sense

11 heftiger Streit
12 begründete Sorgen
13 Kind wird bedroht, geschlagen
14 gefährliche Intrigen
15 Unterdrückung, Machtanspruch
16 negative Beeinflussung durch andere
17 Einzug ins Frauenhaus
18 aggressiver Freund, Kollege
19 Polizei, Staatanwaltschaft
20 gefährliche Gesellschaft
21 gefährliches Hindernis
22 Entscheidung unter Druck
23 Gefahr löst sich auf
24 plötzlicher Bruch in der Beziehung
25 Gewalt in der Ehe oder Beziehung
26 Geheimnis wird offenbar
27 Schnelle Nachricht, Absage
28 aggressive, groß, brünett, schlank
29 aggressive, groß, brünett, schlank
30 kurze Leidenschaft, Vergewaltigung
31 Elektrizität
32 kein Erfolg
33 mit Sicherheit schnell, plötzlich
34 Diebstahl, Raub, Verluste
35 Arbeitsplatz ist in Gefahr, plötzliche Kündigung
36 plötzliches Leid, Prüfung

11 Ruten

12 viele Gespräche, Diskussionen
13 Kinder streiten untereinander
14 Lügen
15 Anwalt, Streit mit Vorgesetztem
16 Diskussionen oder Streitsituationen klären sich
17 Veränderung, Ideenreichtum, wechselnde Ideen
18 Diskussionen mit Freunden
19 Prozeß, Ärger mit Behörden
20 Reden in der Öffentlichkeit
21 Gespräche die nichts bringen
22 Entscheidendes Gespräch
23 keine Gespräche
24 Diskussionen mit dem Partner
25 immerwiederkehrende Diskussionen
26 Schriftsteller
27 Journalismus, Pressenachrichten
28 nervöser, streitsüchtig, stur, geschwätzig
29 nervöse, streitsüchtige, stur, geschwätzig
30 Familiengespräche
31 positive Gespräche
32 Gespräche bringen Erfolg
33 sicher im mündlichen Ausdruck
34 Streit ums Geld
35 berufliche Gespräche und Verhandlungen
36 Streit wird beendet

12 Eulen

13	Zwei Kinder
14	Unwahrheiten, Lügen
15	Gespräch mit dem Chef. Gedanken über Selbständigkeit
16	Gespräche bringen Erfolg
17	Umzug bereitet vorübergehend Sorgen und Kummer
18	Sorgen um einen Freund
19	Probleme mit Behörde
20	Publikumsverkehr, Callcenter
21	großes Problem
22	Entscheidung in Ruhe überdenken
23	Sorgen verschwinden
24	kurzer Kummer der schnell vergeht
25	Ehe-Sorgen die wieder vergehen
26	Verschwiegenheit, verdrängte Probleme
27	Sorgen wegen einer Nachricht
28	nervös, grübelt, unsicher, klug
29	nervös, grübelt, unsicher, klug
30	vorübergehende Schwierigkeit in der Sexualität
31	Sorgen gehen vorbei
32	Unzuverlässigkeit
33	Meinungsaustausch, positiv
34	Geldsorgen
35	immer wiederkehrende Diskussionen im Beruf
36	positiver schicksalhafter Anruf, Brief

13 Kind

14 kluges Kind, Adoptivkind, Pflegekind
15 willensstarkes Kind
16 begabtes Kind
17 Schwangerschaft
18 herzliches Verhältnis zum Kind
19 getrennt vom Kind
20 Kindergarten, Heim
21 Kind manipuliert, setzt seinen Willen durch
22 Kind geht eigene Wege, Pubertät
23 Kind zieht aus dem Elternhaus aus
24 Geliebter ist jünger
25 Verbindung mit einem jüngeren Geliebten, neuer Vertrag
26 Geheimnis um ein Kind
27 Naivität.
28 sorglos, naiv, fröhlich, beliebt, jung, liebenswert, hellhaarig.
29 sorglos, naiv, fröhlich, beliebt, jung, liebenswert, hellhaarig
30 Frühe Schwangerschaft.
31 glückliches, strahlendes Kind
32 sensibles Kind
33 Neuanfang
34 wenig Geld
35 neue berufliche Tätigkeit, Auszubildender, Kindergärtnerin
36 unglückliches Kind, unglücklicher Neuanfang

14 Fuchs

15 hinterhältiger Chef, Anwalt
16 kluge Einstellung.
17 Veränderungen durch Intrigen
18 falscher Freund
19 Finanzamt
20 schlechte Gesellschaft
21 Lügen bringen nicht weiter
22 kluge Entscheidung
23 Lügen werden aufgedeckt
24 Unehrlichkeit in der Liebe
25 Unehrlichkeit in der Beziehung, Vertragsbetrug
26 Verschwörung, Detektiv
27 Unehrliche Nachricht, falsche Nachricht
28 hinterlistig, klug, clever, mißtrauisch, rothaarig.
29 hinterlistig, klug, clever, mißtrauisch, rothaarig
30 Fremdgehen, falsches sexuelles Verhalten
31 scheinheilig
32 scheinbarer Erfolg
33 Intrige/Lüge mit Sicherheit
34 Falschgeld, falscher Umgang mit Geld
35 Intrige am Arbeitsplatz
36 Lebenslüge

<u>15 Bär</u>

16	glückliche Zeit
17	neuer Vorgesetzter, Firma zieht um
18	freundlicher Chef
19	autoritärer Chef
20	großes Unternehmen
21	geschäftliche Hindernisse
22	Geschäftsentscheidung, Entscheidung zur Selbständigkeit
23	kein Gewinn, Chef geht
24	Liebelei mit dem Chef
25	Geschäftverbindung. Selbständigkeit
26	Student
27	Aktien
28	selbstständig, hilfsbereit, eigenverantwortliches Arbeiten
29	selbstständig, hilfsbereit, eigenverantwortliches Arbeiten
30	Geschäftspartner
31	Geld und Erfolg
32	Erfolg und Anerkennung im geschäftlichen Bereich
33	Gelingen in allen Unternehmungen
34	viel Geld, Reichtum
35	Chef, Vorgesetzter
36	Mann in höherer Position

16 Sterne

17	erfolgreiche Veränderung
18	großer Freundeskreis
19	Erfolg bei behördlichen Angelegenheiten
20	Anerkennung in der Öffentlichkeit
21	Hindernisse werden überwunden
22	Glückliche Entscheidung
23	Suchtmittel, Medikamente
24	Liebe steht unter einem guten Stern
25	glückliche Beziehung. Vertragsabschluß
26	Kartenlegen, Hellsehen, spirituelle Gemeinschaft
27	Nachricht bringt Erfolg, Zusage
28	klein, spirituell, emotional, positiv, blond
29	klein, spirituell, emotional, positiv, blond
30	glückliche Sexualität
31	Erfolg
32	Ruhm, Ehre, Anerkennung
33	mit absoluter Sicherheit – Erfolg
34	viel Geld, Glück in Geldangelegenheiten
35	Kartenleger, Hellseher, Astrologe
36	Karma

17 Storch

18	neue Freunde
19	positive Veränderung in einer Behördenangelegenheit
20	durch eine Veränderung in der Öffentlichkeit stehen
21	zurzeit keine Veränderung
22	neue Wege
23	keine Veränderung
24	neue Liebe
25	neuer Vertrag
26	durch Erkenntnis verändern
27	Positive Nachricht
28	groß, schlank, wechselhaft, blond
29	groß, schlank, wechselhaft, blond
30	frühe Schwangerschaft
31	erfolgreicher Umzug, Reise etc.
32	veränderte Gefühle
33	Veränderung mit Sicherheit
34	Geld durch Veränderung, Ausgaben
35	neue Arbeit
36	schicksalhafte Veränderung

18 Hund

19 freundlicher Beamter, getrennt von Freunden
20 fröhliche Gesellschaft
21 keine Freunde, einsam und allein
22 zwei Freunde
23 Verlust des Freundes
24 aus Freundschaft wird Liebe
25 Club, Verein, Team
26 Freund kennst du noch nicht
27 Nachricht von einem Freund
28 treu, zuverlässig, hilfsbereit, anhänglich, dunkelbraun
29 treu, zuverlässige, hilfsbereit, anhänglich, dunkelbraun
30 harmonische Freundschaft
31 diese Freundschaft stärkt
32 gefühlvolle Freundschaft
33 zuverlässiger Freund
34 Geldzusage, Geld kommt
35 gutes kollegiales Klima, Teamwork
36 schicksalhafte Freundschaft

19 Turm

20	öffentliches Gebäude
21	Konkurrenz, bei Behörden kein Erfolg
22	einsame Wege gehen
23	behördliche Angelegenheiten ohne Erfolg
24	Liebe geht zu Ende, Trennung
25	Einsamkeit in der Ehe
26	Lehrer, Professor
27	Behördenbrief
28	Unternehmer, hart arbeitend, groß, dunkelhaarig
29	Unternehmerin, hart arbeitend, groß, dunkelhaarig
30	Richter, Unterstützung von Unternehmer
31	Glück bei Behörden, Politiker
32	berühmte Persönlichkeit
33	Gelingen
34	führende Position mit gutem Gehalt
35	Arbeitsamt, Handwerksbetrieb
36	Selbständigkeit ist Bestimmung

20 Park

21 langweilige Gesellschaft
22 Entscheidung für die Öffentlichkeit
23 Veranstaltung fällt aus
24 Einladung, Treffen in der Öffentlichkeit
25 Hochzeitsgesellschaft
26 Vorlesung, Seminar
27 Einladung zu einer Party
28 steht in der Öffentlichkeit, kontaktfreudig, künstlerisch
29 steht in der Öffentlichkeit, kontaktfreudig, künstlerisch
30 Striplokal, Bordell
31 öffentliches Ansehen, Erfolg
32 berühmt, bekannt, Politiker
33 gutes Gelingen bei Publikum
34 Bankgeschäfte, Gage
35 Öffentlichkeitsarbeit, soziale Einrichtung, Künstler
36 Friedhof, Beerdigung

21 Berg

22 Sackgasse
23 Hindernisse lösen sich auf
24 lieblos
25 belastende Beziehung
26 kein Weiterkommen im Studium
27 keine Nachrichten
28 gehemmt, schwierig, stur
29 gehemmt, schwierig, stur
30 keine Sexualität, gehemmt
31 genug Energie, um das Hindernis zu überwinden
32 gehemmte Gefühle
33 Hindernis wird mit Sicherheit überwunden
34 Geldprobleme
35 Arbeitslos
36 Hindernis ist unumgänglich, man kann nichts ändern

22 Wege

23 Reisestornierung, keine Entscheidung
24 Liebesentscheidung
25 Liebesehe, zwei Verträge
26 entscheidende Dokumente
27 entscheidende Neuigkeit
28 zielstrebig, dunkelblond
29 zielstrebig, dunkelblond
30 Entscheidung zwischen Liebe oder Sex
31 Entscheidung bringt Erfolg
32 Erfolgsweg
33 richtige Entscheidung
34 finanzielle Entscheidungen
35 berufliche Entscheidung
36 Wegkreuzung

23 Mäuse

24 Beziehung geht zu Ende
25 Beziehung wird gelöst, Vertrag wird gelöst
26 Heimlichkeiten werden beendet
27 Nachricht kommt nicht an
28 unehrlich, hinterhältig
29 unehrlich, hinterhältig
30 Auflösung einer Affäre, kein Sex
31 wenig Energie
32 kein Erfolg
33 keine Sicherheit, Unsicherheit
34 Geldverlust, Diebstahl, Geliehenes kommt nicht wieder
35 Arbeitslosigkeit, Kündigung droht
36 Verlust wiederholt sich

24 Herz

25 Liebesbeziehung. Liebesheirat
26 heimliche Liebe
27 Liebesnachricht
28 verliebt, glücklich, junge Person, brünett
29 verliebt, glückliche, junge Person, brünett
30 Liebe mit erfüllter Sexualität
31 glückliche Liebe
32 Liebe mit tiefen Gefühlen
33 treuer, zuverlässiger Partner
34 materiell orientierte Liebe
35 Liebe zum Beruf
36 schicksalhafte Liebe, meist mit Leid verbunden

25 Ring

26 Dokumente, Verträge, heimliche Liebe
27 Vertrag, Ehe, Lebensgemeinschaft
28 Mann ist gebunden
29 Frau ist gebunden
30 Affäre mit einem gebundenen Menschen
31 Vertragsabschluß
32 erfolgreicher Vertrag
33 Treue in der Ehe, zuverlässige Vertragspartner
34 Vertrag bringt Geld
35 Arbeitsvertrag
36 Bindung kann man nicht trennen

26 Buch

27 geheime Nachricht
28 lernwillig, wißbegierig, intelligent, geheimnisvoll
29 lernwillig, wissbegierig, intelligent, geheimnisvoll
29 Affäre
30 glückliche Nachricht
31 Kartenleger, Hellseher
32 Geheimnis wird gelüftet
33 Unklarheiten in Bezug auf Geld
34 Arbeitspapiere, Schriftsteller
35 Geheimnis in Bezug auf das Schicksal

27 Brief

28 Nachricht von einem Mann
29 Nachricht von einer Frau
30 Nachricht vom Liebhaber
31 positive Nachricht
32 anerkennende Nachricht, Urkunde
33 erhoffte Nachricht kommt mit Sicherheit
34 Geldüberweisung
35 Arbeitsvertrag
36 Schicksalsnachricht, meist positiv

30 Lilie

31 glückliche Beziehung, gute Sexualität
32 harmonische Gefühlsbeziehung
33 Hilfe durch eine männliche Person
35 Affäre am Arbeitsplatz
36 Treffen mit einer wichtigen Persönlichkeit

31 Sonne

32 Geld und Erfolg, Politik
33 Erfolg kommt mit Sicherheit
34 Geld und gute Finanzen
35 Erfolg im Beruf
36 Glück und Energie

32 Mond

33 mit Sicherheit Ruhm und Erfolg
34 Geld durch Anerkennung
35 Nachtarbeit, Nachtschicht
36 Beruf ist Bestimmung

33 Schlüssel

34 gut angelegtes Geld
35 Handwerker
36 Mensch lebt in seiner Bestimmung

34 Fische

35 Geld durch Arbeit, guter Lohn
36 Vorsicht Engpaß

35 Anker

36 Beruf ist Bestimmung...

Zeitschlüssel

Um die Zeiten zu bestimmen nehmen wir die linke und rechte Karte neben der Karte, über die wir eine Zeit wissen wollen.

Zeitangaben sind sehr schwierig, da das Schicksal ein anderes Zeitverständnis hat als wir Menschen. Trotzdem ist es möglich, die ungefähren Zeiten in einer Kartenlegung zu bestimmen. Wobei es sich immer um ungefähre Angaben handelt.

Bei 6 Wochen z. B. heißt es eigentlich, innerhalb dieser 6 Wochen. Damit lassen wir dem Zufall noch eine Chance. Außerdem gibt es noch einzelne Karten, die eine Zeit verzögern oder verkürzen. Haben Sie z. B. eine Kartenaussage von 6 Wochen und liegt noch eine Verzögerung drin im Bild, dann heißt das immer, daß es noch mindestens 6 Wochen dauert. In Verbindung mit einer Verkürzungsdauer heißt es: Innerhalb von 6 Wochen, könnte auch etwas früher sein.

Zu den Verzögerungskarten zählen: **Baum, Wolken, Schlange, Berg und Kreuz.** Zu den Verkürzungskarten zählen: **Reiter, Klee, Sense, Vögel, Wege und Schlüssel**.

Zur Berechnung der Zeiten nehmen wir die Zahlen auf den Karten wie folgt:

1 – 9	sind Monate.
10 – 18	sind Wochen.
21 – 27	sind Tage.
28 – 36	sind Stunden.

Zeittabelle

Reiter	1 Monat	19	Turm	19 Wochen
Klee	2 Monate	20	Park	20 Wochen
Schiff	3 Monate	21	Berg	21 Tage
Haus	4 Monate	22	Wege	22 Tage
Baum	5 Monate	23	Mäuse	23 Tage
Wolken	6 Monate	24	Herz	24 Tage
Schlange	7 Monate	25	Ring	25 Tage
Sarg	8 Monate	26	Buch	26 Tage
Blumen	9 Monate	27	Brief	27 Tage
Sense	10 Wochen	28	Herr	28 Tage
Rute	11 Wochen	29	Dame	29 Tage
Vögel	12 Wochen	30	Lilie	30 Stunden
Kind	13 Wochen	31	Sonne	31 Stunden
Fuchs	14 Wochen	32	Mond	32 Stunden
Bär	15 Wochen	33	Schlüssel	33 Stunden
Sterne	16 Wochen	34	Fische	34 Stunden
Storch	17 Wochen	35	Anker	35 Stunden
Hund	18 Wochen	36	Kreuz	36 Stunden

Legesysteme

Das große Bild

Um uns einen Gesamtüberblick der allgemeinen Situation des Fragestellers zu verschaffen, legen wir die Personenkarte in die Mitte. Danach mischen wir den Kartenstapel und legen ihn um die Personenkarte nachfolgendem Schema aus. Mit der letzten Karte decken wir die Personenkarte ab. Die Karten direkt um die HP sagen uns etwas über den Charakter und das unmittelbare Umfeld aus.

Wenn wir etwas über die Finanzen erfahren wollen gehen wir von der Karte 34 Fische aus und schauen, was um die Fische herumliegt. Es wird jede Karte in die Deutung einbezogen, die direkt im Umfeld der Themenkarte liegt. Genauso gehen wir vor im Beruf, der Liebe, der Gesundheit usw. Diese Deutungsart sagt uns, wie die gegenwärtige Situation und die nächsten 6 Wochen ausschauen.

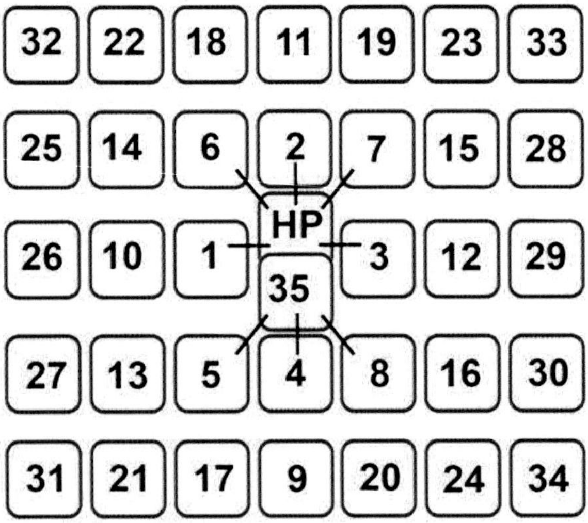

Von der Personenkarte (Dame oder Herr) genannt HP beginnen wir das Kartenbild zu lesen und zwar ziehen wir zuerst das Kreuz über der HP. Die Karten links von der HP sind die Vergangenheit, die Karten über und unter ihr sind die Gegenwart und die Karten rechts von ihr die Zukunft. In der Deutung können wir bei einzelnen Karten immer noch die Nachbarkarten mit in die Deutung einbeziehen.

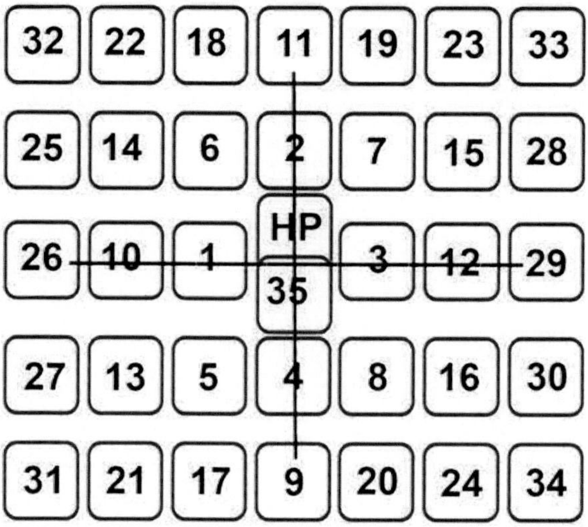

Was auf den/die Fragenden/Fragende in Kürze zu kommt, sehen wir an den Eckkarten. Die drei Karten, die um die Eckkarte herumliegen, korrespondieren mit der Eckkarte. Nach diesem Schema deuten wir alle vier Eckkarten und erfahren so die wichtigsten Ereignisse der nächsten drei Monaten.

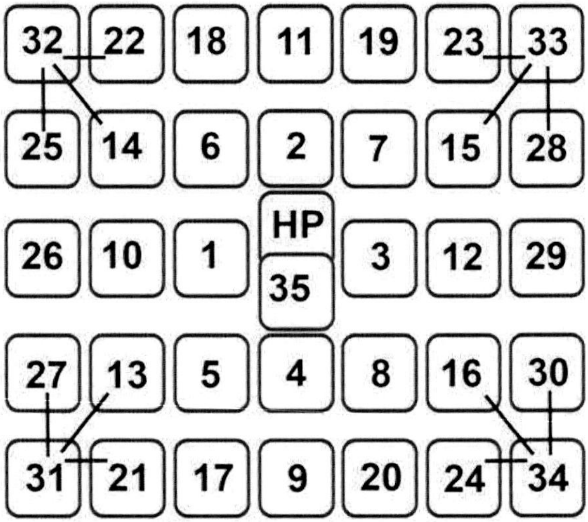

Beziehungslegung

Um die Beziehung zwischen zwei Menschen zu beleuchten schauen wir, welches die Kreuzpunkte der beiden Hauptpersonen im großen Bild sind. Dazu ziehen wir bei beiden Personenkarten ein Kreuz in alle Richtungen, und schauen, wo sich die Linien dieser beiden Personen kreuzen.

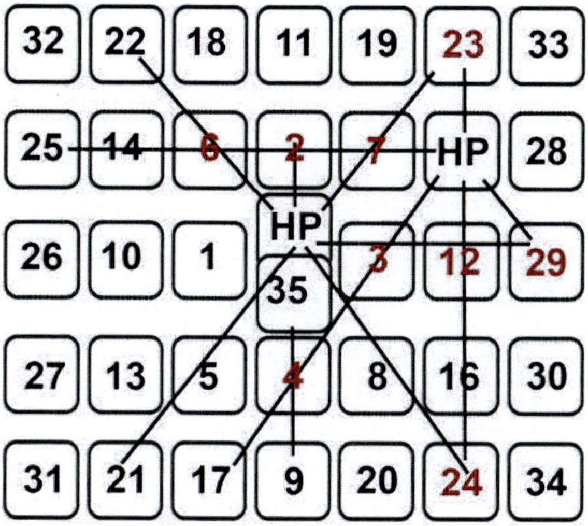

Das Beziehungskreuz

Das Beziehungskreuz gibt uns näheren Aufschluß über die momentane Situation zwischen zwei Menschen. Wir legen Karte 28 und 29 nebeneinander, so daß die Personen sich anschauen. Wir mischen die Karten und legen die Karten von oben ab beginnend mit der Nummer 1 um die beiden Personenkarten herum, wie auf dem Bild dargestellt. Die rechte Spalte verrät uns was die Dame beschäftigt, die linke Spalte was den Herrn beschäftigt. Die mittlere Spalte betrifft die Gemeinsamkeiten. Die Karten 12, 13, 15 und 16 zeigen uns die gemeinsame Zukunft der beiden.

Das kleine Bild

Während das große Bild einen Zeitraum von ca. 1 Jahr beinhaltet, gibt uns das kleine Bild einen Zeitraum von ca. 3 Monaten an. Darin spiegeln sich die aktuellen Ereignisse. Wir suchen uns zu erst aus den 36 Karten eine Themenkarte aus, die unserer Frage, z. B. Geld – **Fische**, Liebe – **Herz**, Beruf – **Anker,** usw. entspricht. Danach legen wir 9 zusätzliche Karten nachfolgendem Schema um die Themenkarte herum, wobei die linke Säule die Vergangenheit, die Mitte die Gegenwart und die rechte Säule die Zukunft zeigt.

Karte Nummer 9 zeigt die Entwicklung, wo das Ganze hinführt.

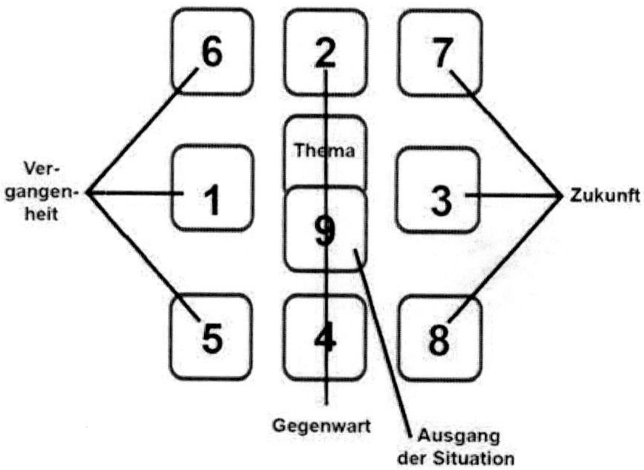

Lebensbild

Eine hervorragende Möglichkeit das gesamte Leben des Klienten zu erfassen, ist das Lebensbild. Dazu legen wir alle 36 Karten in sechs 6er Reihen aus. Jeder Platz hat eine festgelegte Bedeutung. Die Karten werden einzeln und nicht in Kombination mit umliegenden Karten gedeutet.

Die Plätze im Kartenbild haben folgende Bedeutung:

Nachrichten	Glück	Reise	Heim	Gesundheit	Unklarheiten
Rivale	Ende	Geschenk	Gefahr	Gespräche	Gedanken
Neubeginn	List	Schutz	Erfolg	Veränderung	Freunde
Amt	Kontakt	Hindernisse	Entscheidung	Verlust	Liebe
Bindung	Geheimnisse	Papiere	Hoffnung	Wünsche	Leidenschaft
Gelingen	Anerkennung	Lösung	Geld	Beruf	Schicksal

Das keltische Kreuz

Das keltische Kreuz (KK) ist der Klassiker unter den Legemethoden. Es eignet sich für alle Fragen mit einem Zukunftsausblick. Hier nun eine erweiterte Fassung des KK mit Zeitangaben, die ich selber entwickelt und in jahrelanger Praxis immer wieder eingesetzt habe. Wir deuten zuerst nach den 10 Themen. Anschliessend die Karten 7 – 18 als Zeitkarten. Jede Karte steht für 4 Wochen.

1	Situation
2	Das behindert oder fördert die Situation
3	Die Gedanken, des Fragenden
4	Die Basis, das Fundament
5	Die Vergangenheit
6	Die nächste Zukunft (4 – 6 Wochen)
7, 11, 15	Der Frager selbst.
8, 12, 16	Das Umfeld
9, 13, 17	Ängste und Befürchtungen des Fragers
10, 14, 18	Langfristige Zukunft

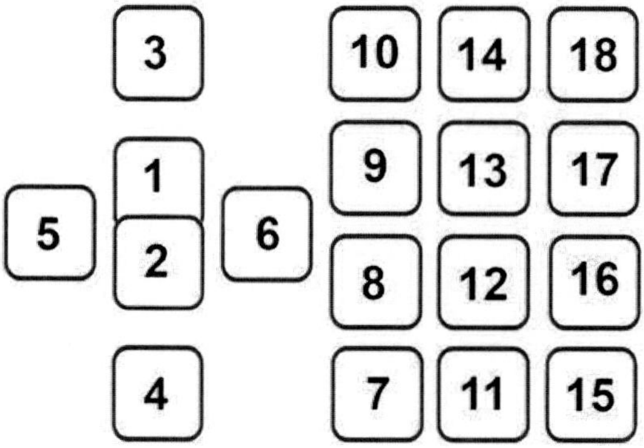

Fallbeispiele

Das große Bild

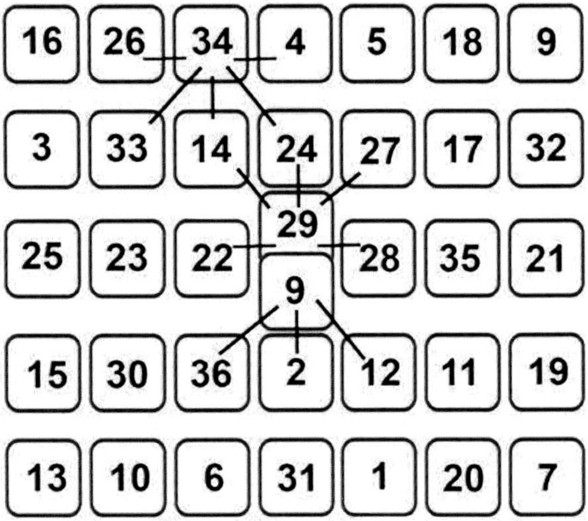

Es handelt sich um eine kleine, lebenslustige **(Klee)**, dunkelblonde **(Wege)** Frau. Sie telefoniert **(Ruten, Brief)** gerne und ist in ihren Gesprächen ehrlich **(Herz)** und konsequent **(Wege).** Sie ist eine fröhliche, freundliche und hilfsbereite **(Herz)** Person.

Im finanziellen Bereich sehen wir eine noch unsichere Situation **(Buch)** die sich mit Sicherheit **(Schlüssel)** stabilisieren wird. Eine Rechtsangelegenheit **(Fuchs)** wird sich positiv entwickeln **(Schlüssel)** und nicht zu einem Prozess kommen, da nur der Fuchs dabei liegt, d.h. es ist nur der Anwalt zu sehen. Bei einem Prozess läge noch der Turm mit dabei.

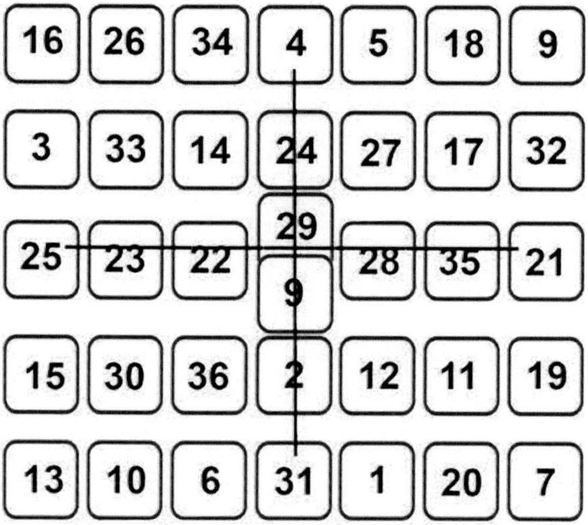

In ihrer Vergangenheit sehen wir den Verlust einer Beziehung **(Ring, Mäuse).** Sie selber hat eine kluge aber auch schwere Entscheidung **(Fuchs, Kreuz, Wege**) getroffen. Die Beziehung ist aber nicht endgültig vorbei, da bei den Mäusen der Tod fehlt.

In der Gegenwart sehen wir diese Beziehung in Kürze **(Klee)** wiederaufleben **(Sonne).** Die Beziehung wird stabil **(Haus)** und sehr liebevoll **(Herz).**

In der Zukunft sehen wir den Mann direkt neben der HP liegen. Er wird telefonisch **(Brief, Vögel)** den Kontakt zu ihr wiederaufnehmen. Es wird Gespräche geben über einen Umzug **(Vögel, Storch),** der sich durch die Angst des Mannes **(Mond)** noch verzögert **(Berg).**

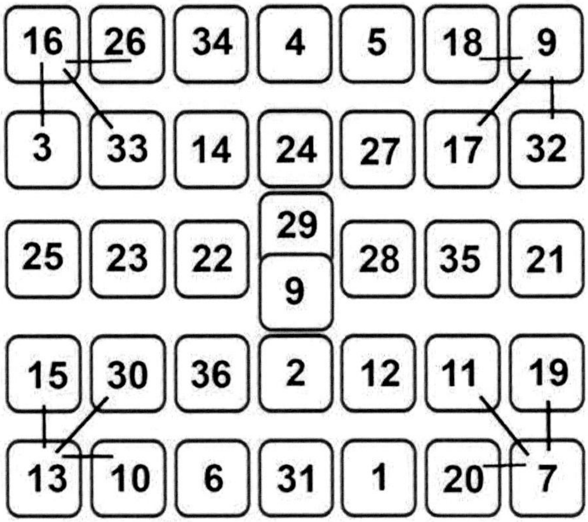

Über die Eckkarten sehen wir eine Reise **(Schiff)** die zwar noch nicht spruchreif **(Buch)** ist aber mit Sicherheit **(Schlüssel)** glücklich verläuft. Die zweiten Eckkarten zeigen uns den Verlust eines treuen engen Freundes **(Hund),** mit dem die Fragende eine tiefe gefühlvolle **(Mond)** Freundschaft hatte. Die dritten Eckkarten zeigen einen plötzlichen **(Sense)** Neuanfang **(Kind)** mit einer starken Persönlichkeit **(Bär).**

Über die vierten Eckkarten sehen wir eine Scheidung **(Turm, Park)** von der Rivalin. Die Scheidung wird mit Streitgesprächen **(Ruten)** ablaufen. Der neue Partner lebt in Scheidung.

Beziehungslegung

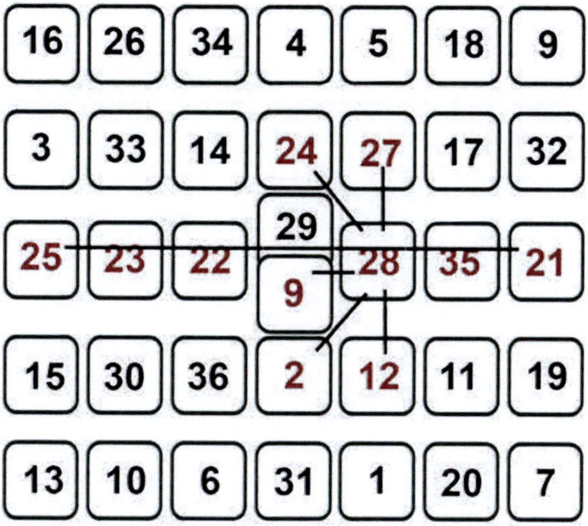

Dame und Herr kreuzen sich auf den Punkten: **Herz, Brief, Ring, Mäuse, Wege, Anker, Berg, Klee und Eulen.** Ring, Mäuse und Wege liegen in der Vergangenheit und sagen uns, daß die beiden in der Vergangenheit schon in Beziehung **(Ring)** waren und eine Entscheidung **(Wege)** getroffen, die Beziehung beendet **(Mäuse)** haben. Allerdings wird er **(Brief)** in naher Zukunft **(Gegenwartslinie)** wieder auf Sie **(Herz)** zukommen. Die Trennung war nur kurz **(Klee, Eulen).** Die beiden sind fest miteinander verankert **(Anker).** Allerdings wird die Beziehung auch in Zukunft noch schwierig, da bei ihm noch Hindernisse liegen **(Berg),** die er überwinden muß. Da beide Personen in einer Linie liegen und sich daher auf allen Punkten der Vergangenheit und Zukunft kreuzen, ist eine weitere Bestätigung, daß sie beide schon mal zusammen waren und die Zukunft miteinander teilen.

Beziehungskreuz

Die Dame kämpft mit Ihren Ängsten **(Mond).** Eine Beziehung zu einem guten Freund ist auseinandergegangen **(Sarg, Hund, Mäuse).** Sie fühlt sich einsam **(Turm)** und unsicher **(Buch).** Der zukünftige Partner hat Probleme mit seiner Exfrau **(Schlange, Berg).** Nachricht über die Scheidung **(Brief, Ring, Sense, Wolken)** verzögert sich noch.

Die beiden haben sich gerade kennengelernt **(Dame, Herr, Wege, Klee)** und schauen in eine glückliche **(Sterne, Klee)** Zukunft. In dieser Beziehung wächst die Leidenschaft **(Lilie).** Es wird eine stabile Liebe **(Haus, Herz)** Die beiden haben sich in der Öffentlichkeit **(Park)** kennen gelernt und werden wohl für immer **(Baum)** zusammenbleiben.

Das Kleine Bild

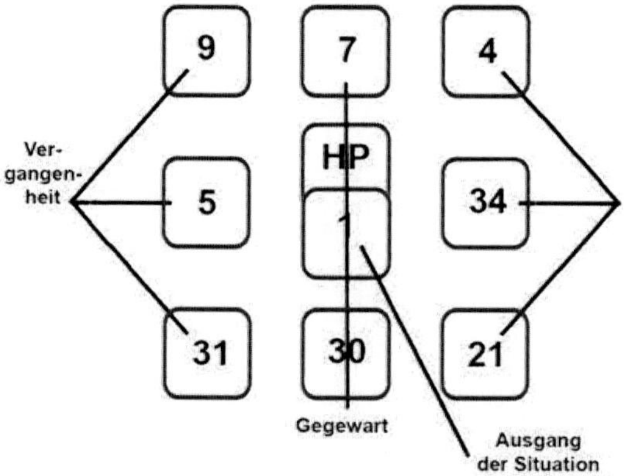

Die Karten mit der Frage nach einem bestimmten Mann ausgelegt, den die HP kürzlich kennengelernt hat:

Der Mann, den sie kennengelernt hat, wird sie lange **(Baum)** in ihrem Leben begleiten. Es verspricht eine glückliche Beziehung **(Sonne, Blumen)** zu werden. In der Gegenwart liegt aber noch die Trennung von einer anderen Frau **(Schlange),** mit der er verheiratet ist. Aber die Gefühle auch erotischer Art **(Lilie)** liegen bereits im Bild in der Gegenwart. Die Zukunft zeigt eine stabile **(Haus)** Beziehung, die nach anfänglichen Hindernissen **(Berg)** zustande kommt. Der **Reiter** zeigt einen jungen, dynamischen sportlichen Mann, in diesem Falle den Mann, den die HP kennengelernt hat.

Lebensbild

Brief	Turm	Sonne	Bär	Buch	Reiter
Baum	Kreuz	Herr	Schlange	Fische	Kind
Rute	Storch	Ring	Hund	Schiff	Schlüssel
Blumen	Dame	Anker	Haus	Fuchs	Wolken
Sense	Berg	Mond	Klee	Lilie	Sarg
Herz	Eulen	Park	Wege	Sterne	Mäuse

1. Haus (Nachrichten) - zeigt uns der Brief eine Nachricht an, die auf die Fragende zukommen wird.

2. Haus (Glück) - sehen wir den Turm, der von Einsamkeit und Trennung spricht. Der Klee zeigt das Ende Ihrer Einsamkeit an.

3. Haus (Reise) - die Sonne zeigt Zuversicht und Gelingen in Bezug auf eine Reise.

4. Haus (Heim) - In ihrem häuslichen Umfeld hat die Fragende einen starken Freund (Bär) an Ihrer Seite.

5. Haus (Gesundheit) - zeigt uns das Buch eine Gesundheitsstörung die noch nicht wahrgenommen wird.

6. Haus (Unklarheiten) - zeigt uns der Reiter eine männliche undurchsichtige Person an.

7. Haus (Rivale) - steht der Baum für die Erfüllung ihres Wunsches, dass die Rivalin keine ernstzunehmende Gefahr ist.

8. Haus (Ende) - das Kreuz spricht für das Ende ihrer Leidensphase.

9. Haus (Geschenk) - Die Fragende wird ein überraschendes Geschenk oder Besuch von einer Freundin erhalten.

10. Haus (Gefahr) - die Schlange zeigt eine Rivalin, durch die unsere Fragende ihren Partner verloren hat.

11. Haus (Gespräche) - die Gespräche (Fische) der Fragenden drehen sich um finanzielle Dinge.

12. Haus (Pläne, Ideen) - das Kind zeigt ganz klar einen Neuanfang an, um den sich die Gedanken der Fragenden drehen.

13. Haus (Neue Projekte) - die Ruten zeigen Diskussionen und Gespräche an, die sich um neue Projekte drehen.

14. Haus (List) - der Storch spricht von Veränderung und bringt Nachrichten ins Haus, die zur Vorsicht warnen.

15. Haus (Schutz) - der Ring steht ganz klar für eine Bindung mit einem starken Mann. Evtl. ist er selbständig.

16. Haus (Erfolg) - der Hund zeigt Treue und Zuverlässigkeit, die belohnt werden.

17. Haus (Veränderung) - das Schiff spricht für Geschäftsreisen.

18. Haus (Freunde) - der Schlüssel bringt mit Sicherheit Kontakte zu Freundschaften, auf die Sie bauen kann.

19. Haus (Amt) - die Blumen zeigen eine positive Nachricht von einem Amt an.

20. Haus (Kontakte) - die Dame hat viele Kontakte und steht in der Öffentlichkeit, ist bekannt.

21. Haus (Hindernisse) - der Anker verspricht Durchhaltevermögen, um Hindernisse, zu überwinden.

22. Haus (Entscheidung) - das Haus steht für die Entscheidung zu einem eigenen Haus oder Wohnung.

23. Haus (Verlust) - der Fuchs sagt uns, daß das Falsche in ihrem Leben wieder vergeht.

24. Haus (Liebe) - die Wolken zeigen, daß unsere Fragende in einer unklaren Beziehungssituation Schläge hat einstecken müssen.

25. Haus (Bindung) - die Sense zeigt uns eine Scheidung an. die Fragende ist geschieden.

26. Haus (Geheimnis) - der Berg zeigt Verzögerungen und Hinderungen an, die ihr noch gar nicht bewußt sind.

27. Haus (Papier) - der Mond steht in diesem Fall für Anerkennung, eine Auszeichnung.

28. Haus (Hoffnung) - der Klee zeigt das Ende einer Situation in kurzer Zeit. Ihre Hoffnung wird sich erfüllen.

29. Haus (Wünsche) - die Lilie steht für Sexualität und die Sehnsucht nach einem Partner.

30. Haus (Leidenschaft) - der Sarg in diesem Haus zeigt an, daß sie im Moment gestresst ist und sich um mehr innere Harmonie bemühen sollte.

31. Haus (Überraschung) - das Herz spricht von einer Überraschung in Liebesdingen.

32. Haus (Anerkennung) - die Eulen zeigen Anerkennung durch mehrere Personen an.

33. Haus (Gelingen) - der Park in diesem Haus sagt uns, dass die Fragende mit einem öffentlichen Projekt Glück haben wird.

34. Haus (Geld) - die Wege zeigen, dass die Fragende finanzielle Entscheidungen treffen muss.

35. Haus (Beruf) - die Sterne stehen für Spiritualität und Hellsicht. Beruflich wird sie in Zukunft wahrscheinlich damit zu tun bekommen.

36. Haus (Schicksal) - die Mäuse zeigen einen schicksalhaften Verlust an.

Das Keltische Kreuz

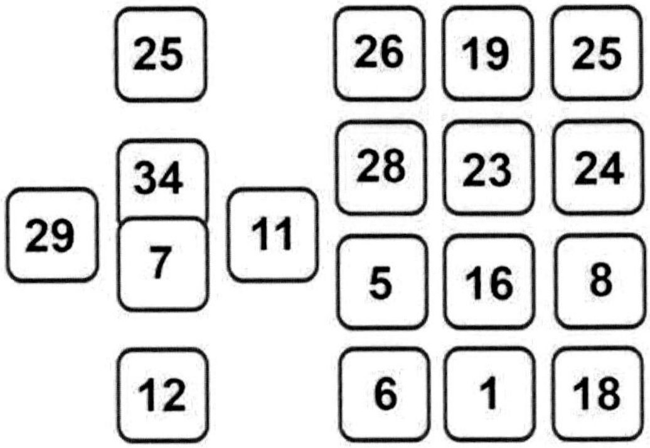

Im vorliegenden Beispiel ist das Thema Geld **(Fische)** und wird gekreuzt von Unehrlichkeit **(Schlange)** im Umgang mit Geld, z. B. Spekulationen. In der Vergangenheit war die HP **(Dame)** in diese Sache verwickelt. Da in der Reihe Umfeld der **Sarg** liegt, ist davon auszugehen, daß es sich um eine Erbschaftsangelegenheit handelt. In Ihrem Kopf hat sie die Gedanken von Sicherheit und Stabilität **(Anker),** aber die Basis **(Eulen)** spricht von Geldsorgen. Dies bedeutet, daß sie wohl um ihr Erbe betrogen wurde. Auch die Ruten in der nahen Zukunft zeigen Diskussionen ums liebe Geld an.

Sie ist im Moment noch in einer unklaren Situation **(Wolken)** die aber durch einen jungen Mann **(Reiter)**, der ihr treu zur Seite steht **(Hund)** gelöst wird.

Das Umfeld fühlt sich sicher **(Sterne)**, wird aber verlieren **(Sarg)**.

Ihre Ängste drehen sich um einen Verlust **(Mäuse)**, der ihr sehr nahegeht (**Herz)**.

Aber in der Zukunft wird durch eine Behörde **(Turm)**, wahrscheinlich das Gericht, ihr Recht gesprochen **(Ring)**, was jetzt noch nicht klar **(Buch)** ist.

Zeiten:
Innerhalb der nächsten 3 Monate werden sich die Unklarheiten lüften. Er wird mehrere Verhandlungen geben. Die erste innerhalb der nächsten 6 Monate, da das Umfeld verliert **(Sarg)**. In diesem Fall ist der Erfolg **(Sterne)** auf ihrer Seite. Allerdings wird die andere Seite Berufung **(Mäuse)** einlegen in ca. 8 Monaten und damit das erste Urteil in Frage stellen. In ca. 11 Monaten **(Turm)** ist dann die letzte Verhandlung. Die ganze Sache zieht sich also noch ca. 12 Monate hin, bis unsere HP aufatmen **(Ring)** kann.

Nikola Herd,

geboren 1958 in Münster/Hessen war schon als kleines Kind hellsichtig.

Sie absolvierte eine Ausbildung im kaufmännischen Bereich bei einem großen Industriekonzern und arbeitete zunächst als Sachbearbeiterin.

1990 begann sie eine Ausbildung bei Terra/Nova als Heilpraktikerin in klassischer Homöopathie und Bachblüten.

Eine Ausbildung im Tarot folgte 1995 bei Hajo Banzhaf in München.

Astrologie Ausbildung 2002 in Brüggen.

Seit 1995 berät sie Kunden in allen Lebenslagen hauptberuflich und gibt Seminare im Kartenlegen. Mittlerweile hat sie das Beratungsportal Tarotzentrum aufgebaut, auf dem sie selber als Anname berät.

Buchveröffentlichung:

2008 Schlüsselworte Lenormand

2010 Zigeuner Schlüsselworte

2011 Das Tarotrad

Erna Hildegard Dönigus

wurde in Langstadt, wo sie noch heute mit ihrer Familie lebt, geboren.

Nach einer Lehre als Einzelhandelskauffrau ließ sie sich auch im hauswirtschaftlich-pädagogischen Bereich ausbilden arbeitete dann als Gesundheitsberaterin.

Eine Ausbildung zur Heilpraktikerin folgte bei Terra/Nova mit Schwerpunkt Klassische Homöopathie.

Ihr erstes Buch „Der morgige Tag wird für sich selber sorgen“ erschien 1999.

Weitere Werke – „Yoga in seiner Vielfalt“ und das Erwachsenen Märchen „Joana und Jeremia“ folgten.

Heute ist sie hauptsächlich Autorin, Malerin, Hausfrau, Freundin und Mensch.

DANKE

Danksagung

Mein Dank geht an alle, die mir bei der Entstehung dieses Buches geholfen haben.

Erna hat durch das Malen der Karten mich dazu verführt, meine jahrelange Erfahrung in einem Buch niederzuschreiben.

Rael Wissdorf, hat das Vorwort zu diesem Buch gespendet. Er ist seit Jahren ein Freund, der mir mit Rat und Tat zur Seite gestanden hat.

Die Mitglieder meiner Facebookgruppe „Annas Kartenlegetips“ haben durch ihre aktive Mitarbeit dazu beigetragen, dass neue Deutungsmöglichkeiten entstanden sind.

Lana und Matthias, die mir beide den Rücken freigehalten haben, damit ich die Zeit hatte, das Buch neu zu gestalten und meine Kartendecks fertig zu stellen.

Und natürlich nicht zu vergessen meine Lieblingskollegin vom Tarotzentrum, Gaby Guder, die seit Jahren in Spanien lebt und unserem neuen Kartendeck den Namen El Corazon verpasst hat. Sie unterstützt uns tatkräftig in unserem Online-Magazin mit ihren Kolumnen.

Nikola Herd
Oktober 2017

Neuerscheinungen:

Das El Corazon Lenormand

Lenormand-Lernkarten

Beide Kartendecks sind erhältlich unter www.tarotzentrum-onlineshop.de

Ein Märchen für Erwachsene

von Erna H. Dönigus

ISBN 3831137641

Ein leichtverständliches Buch über die Anwendung von Yoga, das in jahrelanger Praxis der Autorin als Yogalehrerin entstanden ist.

Von Erna H. Dönigus

ISBN 3831127352

Impressum

Bibliografische Information der Deutschen Nationalbibliothek
Die Deutsche Nationalbibliothek verzeichnet diese Publikation in der Deutschen Nationalbibliografie; detaillierte bibliografische Daten sind im Internet über http://dnb.d-
nb.de abrufbar.

Herstellung und Verlag: Books on Demand GmbH, Norderstedt

ISBN 9783837063493

Nikola Herd
München

nikolaherd@arcor.de

www.anname.de

© ***2017*** *Alle Rechte vorbehalten. Vervielfältigung, Veröffentlichung und Verbreitung jeder Art nur mit Zustimmung der Autorin*

MIX

Papier aus verantwortungsvollen Quellen

Paper from responsible sources

FSC® C105338